El futur del català depèn de tu

Carme Junyent
amb Bel Zaballa

EL FUTUR DEL CATALÀ DEPÈN DE TU

La Campana

Primera edició a La Campana: setembre del 2020

Travessera de Gràcia, 47-49. 08021 Barcelona
Mapa de la pàgina 42-43 extret de Baròmetre de
la Comunicació i la Cultura (FUNDACC, 2011).

Printed in Spain – Imprès a Espanya

ISBN: 978-84-16863-75-4
Dipòsit legal: B-8.059-2020

Compost a Comptex & Ass. SL

Imprès a Romanyà Valls, S.A
Capellades (Barcelona)

CA 6 3 7 5 4

Penguin
Random House
Grupo Editorial

Als meus nets, que no sé si existiran ni si
parlaran català, però la iaia els estima

Índex

PRÒLEG I

El llibre que m'han escrit
Carme Junyent

A principis de juliol del 2019, la Isabel Martí em va proposar escriure aquest llibre. Qui la coneix ja sap que és una força de la naturalesa, per això vaig dir que sí; però també és cert que li vaig advertir que em costa molt escriure, cada vegada més. Ella em va dir que, si ho volia, podia proposar a algú que escrivís el que jo li expliqués i de seguida li vaig respondre que no. La idea d'un escriptor a l'ombra, que és el que em suggeria la proposta, era massa difícil de pair. Però va arribar l'agost i el mite de la pàgina en blanc se'm va convertir en una realitat. Potser perquè tinc la sensació que jo ja he dit tot el que havia de dir, o potser perquè crec que sobre el futur del català ja en parlen les dades, ves a saber, el cas és que no me'n sortia.

Havíem quedat que ho tindria per al setembre i jo em vaig presentar amb les mans buides. Ho hauríem pogut deixar córrer, però l'editora de La Campana no es rendeix mai i li vaig comentar que podíem provar això del llibre a quatre mans. Em va demanar que pensés en algú que em pogués ajudar i em va venir al cap la Bel Zaballa. No ens coneixíem gaire, però m'havia entrevistat dues vegades i en totes dues ocasions m'havia fet pensar que no tan sols transmetia el que jo volia dir —i això no és tan fàcil— sinó que, a més, sabia destacar el que més podia interessar els lectors. I ens hi vam posar.

Aquest llibre que no he escrit no sé si seria el que jo hauria escrit, però segur que és millor. Entre la Bel i la Isabel m'han fet esprémer el cervell, argumentar-ho tot, justificar-ho. Cap idea sense fonament, cap afirmació que no m'hagin volgut refutar. En certa manera, ha estat com fer una classe. Jo sempre recomano als meus alumnes que no prenguin apunts. Els adverteixo que puc dir bestieses que ells perpetuaran i, a sobre, explicaran que ho he dit jo. Doncs ara he fet una classe amb una alumna que ha pres apunts i que perpetuarà el que he dit però amb una diferència, que ho ha contrastat tot. M'ha preguntat sempre, cosa que no passa gaire a l'aula; m'ha discutit, cosa que encara passa menys, i m'ha fet llegir els apunts, cosa que no passa mai. No tinc excusa, doncs, com dirien els clàssics: tot el que es diu és responsabilitat meva, i també ho són els errors. I el mèrit? El mèrit és d'elles, perquè sense l'energia de la Isabel, la feina de la Bel i la mirada crítica d'ambdues, aquest llibre no hauria sortit.

Havia de sortir, però? No ho sé. Això sempre ho acaben decidint els lectors. Però ara que estic escrivint des del confinament sé que, quan això s'acabi —si és que s'acaba—, el món haurà canviat radicalment. I potser no ho percebrem, potser ni ens n'adonarem o potser no ho voldrem veure, però, quan tornem a sortir al carrer, la humanitat haurà patit la pèrdua més gran de patrimoni lingüístic que ha viscut fins ara.

Aquest fet s'explica en el llibre. La mort d'una llengua no és un fenomen sobtat; és un procés que pot arribar a durar segles però que, inexorablement, arriba a un punt de no-retorn —o de retorn quasi impossible—: quan s'interromp la transmissió intergeneracional. Doncs bé, sabeu quantes llengües ja no s'estan transmetent actualment? Més de la meitat de les llengües del món. Quan la UNESCO parla de llengües amenaçades parla d'això, de llengües que ja només les parla la gent gran, els vells, els avis. Tots aquests que ara en diem població vulnerable, tots aquests que ara s'han convertit en estadístiques, o més aviat xifres confuses, perquè potser no volen que sapiguem. Us adoneu del que significa, això? Ara mateix, arreu del món, hi ha llengües que són parlades per última vegada i d'aquí a ben poc seran llengües que ja no parlarà ningú, mai més.

I ja es comencen a sentir laments per totes les llengües que desapareixeran com a conseqüència d'aquesta pandèmia, per totes les llengües que ja només tenen parlants de més de seixanta anys i que són moltes, centenars, potser milers i tot. Però aquests laments només ens estan dient que s'avançarà en vint anys el que ja estava previst que passés. I les altres? Què passarà amb l'altra meitat de les llengües del món que ja mostren símptomes però que encara s'estan transmetent? Què passarà amb el català, que és dins d'aquest grup? Seguirem com sempre fins que ens adonem que ja no hi ha res a fer o reaccionarem perquè entendrem que si no ens en fem responsables no trigarem gaire a veure com es torna una llengua de gent gran que una altra pandèmia pot fer desaparèixer.

Els que ploren la mort d'una llengua són, desgraciadament, els que la van deixar morir. I els que creuen que la mort d'una llengua no és una pèrdua són els que pensen que la pèrdua de parlants tampoc no és cap pèrdua. Al capdavall, per a ells tot és una manera de tenir-nos més controlats sense que els donem feina. Si no fos així, per què haurien de premiar els que acceleren el procés i de marginar els que resisteixen?

En aquesta lluita per l'existència, que s'ha aguditzat tant aquests mesos, tots hi tenim alguna cosa a fer, una funció per realitzar i, inevitablement, ja no queden papers neutres per repartir. Creiem que totes les llengües són necessàries i que cal actuar per evitar-ne la desaparició? Si és així, no n'hi ha prou amb estar-hi d'acord. Cal actuar. Qui sap si per sort o per desgràcia, el futur del català (i dels milers de llengües amenaçades arreu del món) ara més que mai depèn de tu.

Sant Jordi del 2020

PRÒLEG II

Encara hi som a temps
Bel Zaballa

Amb la Carme ens vam conèixer per telèfon. Havia publicat el llibre *Visibilitzar o marcar. Repensar el gènere en la llengua catalana* (Empúries, 2013), en què recollia les ponències d'unes jornades que havia organitzat a la Universitat de Barcelona, i vaig trucar-li des del diari per parlar-ne. Va ser clara i contundent, i encara avui circula aquell «que s'acabi la comèdia de desdoblar en masculí i femení». Jo aleshores no en sabia gaires coses, d'ella, més enllà del currículum oficial i del que m'havia explicat en aquella entrevista. Aquest interès pel gènere, gairebé militància, i per fer entendre que la llengua no és sexista, sinó que ho són els parlants, que el gènere lingüístic no té a veure amb el biològic, li venia de lluny, però jo encara no sabia, per exemple, que fa molts anys va començar a estudiar suahili perquè, en un treball universitari sobre el gènere, va descobrir que el suahili no en tenia. I au, s'hi va posar amb una sabata i una espardenya, com qui diu, agafant els exemples que trobava en llibres de lingüística i amb una gramàtica i un diccionari de suahili que li va regalar la mare. Feia filologia, però no n'estava gaire satisfeta. Diu que sempre li havien interessat les llengües «estrambòtiques» i que havia provat d'aprendre rus, guaraní i indonesi sense gaire èxit. Com que va triar l'alemany com una de les llengües estrangeres del pla d'estudis, juntament amb l'italià, se'n va anar un estiu a Marburg a aprendre'l. «Allà vaig saber que a la universitat hi havia un Institut d'Estudis Africans. Fins aquell moment jo ni sabia que això es podia estudiar a la universitat.» Aquell estiu es va convertir en quatre anys, primer a Marburg i, després, a la Universitat de Colònia, on va continuar els estudis africans i va començar lingüística. En acabat, se'n va anar a la Universitat de Califòrnia, a Los Angeles. I va acabar la tesi sobre les llengües de l'Àfrica quan ja era professora a la Universitat de Barcelona.

Li demano quantes llengües parla, ingènua de mi: «És una pregunta per a la qual no tinc resposta, i aquí hauríem d'entrar en el concepte de "llengua", etcètera». Carme Junyent és africanista i especialista en llengües amenaçades. Fa anys, arran de l'encàrrec del llibre *Vida i mort de les llengües* (Empúries, 1992), va llegir tot el que s'havia publicat sobre la qüestió («aleshores, encara era possible»), i allà li va néixer una nova vocació que l'ha duta a estudiar els processos de desaparició de les llengües al món i a especialitzar-se també en diversitat lingüística. Avui dirigeix el Grup d'Estudis de Llengües Amenaçades, fundat el 1992. I és amb tot aquest vast coneixement que fa temps que avisa que el català presenta tots els símptomes de les llengües en perill d'extinció. S'ha hagut de sentir dir catastrofista, pessimista, derrotista... Les alertes que feia no tocaven. Feien nosa. I mentrestant, els òrgans institucionals anaven enviant missatges optimistes allunyats de la realitat, no fos cas que la gent es deprimís i ho donés tot per perdut, sense preveure la possibilitat que aquell avís fos un revulsiu i empenyés la gent a treure's la son de les orelles, a entendre què hi havia en joc i arromangar-se per fer-hi alguna cosa. Ara ja no l'acusen tant, de catastrofista. Perquè cada vegada és més clar l'avís que feia: que el català va cap al pedregar si no hi fem res, si ho permetem. Però, justament, aquest és l'avantatge més important: que hi podem posar remei. Un dia em va dir: «Em sap greu, soc la primera a qui li fot que els fets li donin la raó». Tot plegat s'havia d'explicar, com més clar millor, i difondre-ho, que arribés a tanta gent com fos possible. L'editora Isabel Martí ho va veure de seguida; som-hi, doncs.

Vam començar el procés d'aquest llibre de la manera en què ens entenem més bé: entrevistant-la. Calia explicar per què el català perillava, però sobretot què podíem fer cadascun de nosaltres per canviar-ne la direcció. Que els petits canvis són poderosos, ja ho deia el capità Enciam. Segons quants anys tinguis, aquest referent no és que et quedi lluny, sinó que no deus saber ni de què tracta, la cosa. La darrera generació que ha tingut el català com a llengua habitual en l'entreteniment és la generació de *Bola de Drac*. Després, han vingut anys en què han proliferat els canals de televisió i les plataformes digitals, que han arraconat el català, amb l'amplíssima oferta en castellà. I podem dir això mateix dels canals de YouTube, dels videojocs, d'Instagram, de tantes xarxes socials on molts es pensen que poden arribar a més gent si opten pel castellà i deixen de banda la seva pròpia llengua: res més lluny de la realitat. Calia explicar la mena de comportaments que tenim, molt sovint inconscients, portats per la inèrcia, que empenyen el català cap a aquest punt de no-retorn tan perillós. Explicar com funcionen les llengües, per què en moren tantes, per què algunes altres poques s'imposen. Per a què serveix una llengua, quina importància té més enllà de ser un mitjà de comunicació, i com afecta les persones que la seva llengua mori. És apassionant escoltar la Carme parlar d'aquesta qüestió, perquè fa que t'adonis de totes les implicacions que té una llengua, de la riquesa tan valuosa que aporten, dels mons i dels punts de vista que obren, i del dolor tan brutal que deixa cada desaparició d'una llengua, totes les coses que es perden i se'n van amb ella.

Ens trobàvem al seu despatx de la Universitat de Barcelona i passàvem el matí parlant-ne. Preguntant, responent, repreguntant. Havíem d'estructurar el llibre: primer, calia explicar com moren les llengües i per què. I, a continuació, calia explicar per què el català té totes les butlletes per seguir la mateixa direcció. L'altre bloc havia de centrar-se en solucions, perquè aquí hem vingut a donar respostes, a recollir consells i a interpel·lar el lector, que és qui pot actuar. No està tot perdut, encara. Depèn de tu. I on queda, l'Administració? L'Administració hi pot fer molt, sovint molt més. Amb campanyes, amb inversions, implicant-s'hi i no deixant els parlants de la mà de Déu, blindant la llengua, fent complir les lleis lingüístiques ja existents, etcètera. Tampoc no podem oblidar que formem part de dos estats, l'espanyol i el francès, que històricament han legislat en contra de la llengua catalana i l'han perseguida amb intenció de fer-la miques. Però més enllà del paper de l'Administració, que l'ha de tenir i l'ha d'exercir, aquí volíem centrar-nos en el paper dels parlants que formen part d'aquesta societat. Perquè podem fer molt més que no fem, i segurament ho faríem si fóssim més conscients de tot el que hi ha en joc, i que les actituds de cadascun de nosaltres, totes sumades, ajuden el català.

Carme Junyent ho sintetitza en una fórmula que és ben clara: perquè el català pervisqui necessita l'actitud compromesa dels seus parlants, però també la dels qui no el parlen però hi conviuen. Sense ells, sense els parlants de les més de tres-centes llengües que es parlen al país, el català no se'n sortirà. Per això aquest llibre va dirigit als catalanoparlants i als qui no ho són. Als qui tenen el català com a llengua primera, però hi renuncien tot sovint sense adonar-se de com posen en perill la llengua cada vegada que es passen al castellà. I als qui no parlen (encara) català, però s'hi solidaritzen i empatitzen amb els seus parlants, o ho faran quan hagin llegit el llibre i vegin que també d'ells depèn la llengua.

Una vegada transcrites totes les entrevistes i fet el buidatge d'informes i enquestes, era el moment de posar-hi ordre, endreçar la informació i anar resolent punts i estirant fils. El final de l'edició del llibre ens va trobar confinades cadascuna a casa seva arran de la pandèmia de la Covid-19: la feina va continuar telemàticament, correus electrònics amunt i avall.

I, de mica en mica, edició rere edició, el document va anar prenent forma i sentit.

Per què hem de cedir sempre, els catalanoparlants?

Per què és nociu canviar al castellà cada vegada?

Què poden fer, els qui no tenen el català com a primera llengua, per ajudar la llengua del lloc on viuen?

Què els ha aportat, a tanta gent arribada de fora, a aprendre el català i parlar-lo?

Què poden fer els catalanoparlants en situacions quotidianes en què se senten forçats a canviar de llengua?

Per què la pobresa lingüística ens converteix en éssers més controlables?

Per què hem trigat tant a dir la veritat sobre la falsa immersió lingüística?

Per què el català és tan poc freqüent entre els joves?

Com és que et preocupa el medi ambient i, en canvi, el català ni et va ni et ve?

Per què el català pot estar en perill d'extinció? I, sobretot, què pots fer tu per evitar-ho?

Amb la voluntat d'explicar la situació de manera clara i sense edulcorants, aquest llibre és una reflexió sobre la importància de la llengua, de les llengües, i una invitació a actuar, cadascú des del seu lloc, en benefici del català. És un manual d'actuació lingüística. És un recull de comportaments perillosos per a la llengua i de consells per capgirar-los.

S'ha acabat el temps de fer creure que, al català, les coses li van bé. Amagar la veritat no serveix de res. Sí que serveix ser-ne conscients i actuar en conseqüència. Amb compromís. Si algú podia explicar-ho i fer-ho entendre era la lingüista Carme Junyent. Encara hi som a temps, tot i que ja comença a sentir-se el tic-tac.

Abril del 2020

Depèn de tu

Un titular en un diari n'informa: s'ha mort el darrer parlant d'una llengua. Potser, fins i tot, n'hi ha una esquela. Hi pararem més atenció o menys, però el cas és que es tracta d'una notícia que es repeteix cada vegada més sovint. Però encara hi ha un fet que ens passa més per alt, generalment: si aquesta persona n'era el darrer parlant, vol dir que no va transmetre la seva llengua a ningú.

La història de la mort de les llengües és tan plena de crueltats i conculcacions dels drets humans que seria injust atribuir la responsabilitat a aquest darrer parlant, per més que, tal com deia el professor Giovanni Agresti en una conferència a la Universitat de Girona, «els funerals per les llengües que moren són oficiats pels fills dels assassins».

Sabem prou bé que una llengua no mor si els seus parlants no deixen de parlar-la. Per això, de fet, hi ha hagut casos en què se n'ha exterminat directament els parlants. Què passa pel cap d'una persona que decideix no transmetre la seva llengua als fills? Realment ho ha decidit ella i ho ha fet a consciència? L'home que es va plantar davant del tanc a la plaça de Tiananmen ens sembla un heroi perquè amb la seva acció individual s'enfrontava al poder. En canvi, si aquesta persona «tossuda» és algú que no cedeix a les pressions i manté la seva llengua de manera sostinguda tota la vida, ens sembla un exotisme o una actitud folklòrica. Ha de dependre d'ell, el futur de la llengua?

Com a fenomen social que és, la llengua no pot ser a les mans d'un individu, però en la seva desaparició hi ha sempre aquell moment crucial en què algú ha dit «prou». Per tant, juntament amb la responsabilitat col·lectiva, tots tenim també una responsabilitat en el fet que la llengua es perpetuï.

Quan, als anys vuitanta, la Generalitat va proposar l'eslògan DEPÈN DE TU en una campanya per promoure l'ús del català, algú hi va veure el senyal que el Govern, en realitat, es desentenia de la llengua. Segurament no era la intenció del missatge, però va ser profètic en el sentit que, al cap dels anys i tenint en compte les dades, queda clar que si de la llengua no ens n'ocupem nosaltres, els parlants, no la salvarà ningú. Els darrers anys del segle XX van sortir veus d'experts que alertàvem d'aquest perill i es van fer grans debats a favor i en contra del pronòstic. Ara, quan les dades mostren que aquelles prediccions no anaven gens errades, els responsables, tant l'Administració com molts ciutadans, en el millor dels casos, fan l'orni. O, si no, callen. Ens podem queixar tant com vulguem d'aquesta actitud, però si no espavilem, ens hi anirà la llengua.

Els debats sobre la llengua —i les llengües— són habituals en la nostra societat, i no només en el cas del futur del català.

Però sovint les argumentacions, tant dels optimistes com dels pessimistes, mostren una manca de fonament i una manca de perspectiva que fan molt difícil entendre les arrels autèntiques del problema. Quan parlem del futur del català, hem de tenir present que és una més del 95% de les llengües del món que estan amenaçades; és a dir, ens enfrontem a un problema global. També aquí les autoritats han optat per callar.

Aquest llibre és una apel·lació a la responsabilitat individual però també una crida a la revolta. Un «depèn de tu» i un «diguem no» que al final acaben sent la mateixa cosa. Perquè la llengua no ens la poden prendre si no ho volem. Però per resistir cal conèixer. I això pretenem fer en aquestes pàgines: ajudar a conèixer.

1

El català, en perill d'extinció?

Avui al món es parlen unes cinc mil llengües. És una xifra aproximada, perquè no és possible saber-la amb exactitud. Sí que sabem, com ja hem dit, que, d'aquests milers de llengües conegudes, la immensa majoria, un 95 %, estan amenaçades. Dit així, no sembla pas gaire estrany que el català també ho estigui: és la tendència global.

Abans de l'arribada de Cristòfor Colom a Amèrica, l'any 1492, es parlaven unes deu mil llengües al món. És la data simbòlica que els lingüistes prenen com a referència perquè va ser quan van començar les grans colonitzacions. I, des d'aleshores, la quantitat de llengües existents ja s'ha reduït a la meitat.

Si primer van ser les colonitzacions, després, les facilitats de comunicació i de desplaçament del segle XX i del segle XXI han contribuït a la desaparició de llengües. I com que és una mena de procés acumulatiu, cada vegada n'hi ha més, de llengües que tendeixen a morir. És per això que el procés d'extinció de les llengües no s'havia donat mai en les proporcions i a la velocitat que es dona ara.

Però que passi això, que les llengües es morin, i ara a més cada vegada més de pressa i en més quantitat, no és pas cap procés natural. Les llengües canvien sempre, sí, com totes les coses del món: les plantes i els animals s'adapten als canvis, i els valors humans també canvien, i les persones. Malament, si no ho fan.

Tanmateix, les llengües no tenen pas cap tendència natural a morir. Si moren, és perquè els seus parlants deixen de parlar-les. I deixar de parlar una llengua no en té res, de natural. Totes les llengües podrien viure sempre. Si en moren, és perquè s'ha pressionat tant els parlants que han acabat deixant de parlar la seva llengua per parlar-ne una altra amb els seus fills. I això, deixar de parlar la llengua als fills, és la mort d'una llengua.

En trobem molts casos al llarg de la història i en diferents territoris. El primer que coneixem és el del sumeri, que era la llengua oficial de Babilònia i de la qual hem sentit a parlar per l'escriptura cuneïforme, un dels primers sistemes d'escriptura que hi va haver. Doncs, malgrat que era la llengua oficial, va ser substituïda per l'accadi. Per interpretar els textos oficials i religiosos calia saber sumeri, i se'n va promoure l'estudi durant un temps, però més enllà d'aquests documents, no es feia servir pas, i el sumeri va acabar desapareixent. L'Imperi romà ja va significar la mort de moltes llengües (les que es parlaven a la península Ibèrica, per exemple), i també l'expansió de l'islam (la reculada de l'amazic al nord de l'Àfrica i el copte, entre unes quantes llengües més) i la de l'Imperi xinès (com ara la mateixa varietat de la llengua i moltes altres de la Xina, i les austronèsiques de Taiwan, que són totes en fase terminal). Però hi insisteixo, la situació inèdita és la velocitat i la quantitat de processos de substitució lingüística que hi ha actualment. La globalització actual, que avança a passos de gegant, encara ho accentua més.

Tenint en compte tot això que ha passat i encara passa, els estudiosos hem conclòs que en els processos d'extinció d'una llengua es distingeixen tres fases:

PRIMERA FASE: en diem «primària». És una fase que pot durar segles. Un element que tenen en comú totes les llengües en procés d'extinció és que en algun moment de la seva història han passat a ser llengües subordinades. Això què vol dir? Doncs que, en un territori, un dia hi arriba una llengua nova, la qual va interferint en la llengua que s'hi parla i s'hi va imposant: la llengua nova esdevé la llengua dominant, i l'altra, la subordinada, va sent estigmatitzada i substituïda, ara en uns àmbits ara ens uns altres. Si el 100 % dels membres d'una comunitat són parlants d'aquella primera llengua, sempre tindran l'oportunitat de parlar-la. Si en són un 50 %, les possibilitats de parlar-la es redueixen dràsticament. I quan es baixa de la meitat, les possibilitats de parlar la llengua són cada vegada més reduïdes. Això explica l'acceleració dels processos en fase terminal i per què les migracions afecten tant les llengües amb pocs parlants. A més, hi hem d'afegir un comportament característic dels parlants de llengües subordinades, que és l'anomenada «norma de convergència». Què vol dir? Doncs que quan ens sembla que algú no és del nostre grup lingüístic, pel motiu que sigui, canviem de llengua i ens hi dirigim en la llengua dominant. Arriba un moment en què tens molt poques possibilitats de parlar la teva llengua, i si no tens possibilitats de parlar la teva llengua, és fàcil que decideixis transmetre al teu fill l'altra perquè, fet i fet, tampoc no tindrà gaires possibilitats de parlar la seva... D'aquesta manera, els parlants van renunciant a la llengua pròpia, a vegades també perquè són jutjats, o malvistos, o perquè els discriminen, etc. Quan hi renuncien del tot, quan decideixen deixar de parlar-la als fills, és quan la llengua entra en la segona fase, que és la crucial.

SEGONA FASE: la «decadència». Es considera que una llengua entra en fase de decadència quan els pares deixen de parlar-la als fills, és a dir, quan se n'interromp la transmissió generacional. I, un cop passa això, ja és molt difícil tornar enrere. Encara que un dia la llengua potser es recuperi, mai no serà com hauria estat si no s'hagués deixat de parlar.

TERCERA FASE: la «mort». A mesura que la gent d'una comunitat es fa gran sense haver transmès la llengua a la nova generació, aquesta llengua va entrant en la fase de mort. Una llengua desapareix amb la desaparició dels últims parlants, sí, però en realitat, quan se'n mor l'últim parlant, ja fa temps que la llengua és morta.

Per què moren, les llengües? Per moltes raons, però cap no és natural. I darrere de la mort d'una llengua sempre hi ha molt de sofriment. A Califòrnia, els buscadors d'or van exterminar tota una comunitat, i amb ella també va morir la llengua que parlaven, el yana. A Austràlia, s'hi parlaven unes set-centes cinquanta llengües abans que hi arribessin els anglesos, fa poc més de dos-cents anys. Ara n'hi queden unes dues-centes cinquanta, i la majoria són a punt d'extingir-se. En aquest cas hi va haver una política clarament destinada a fer desaparèixer les llengües. Un dels mètodes més eficaços va ser el segrest de criatures: prenien els fills de les famílies, els internaven o els duien amb famílies blanques. Els agafaven de molt petits perquè no recordessin la seva llengua. Encara hi ha molta gent viva que va viure aquest procés i que no pot transmetre la seva llengua perquè la va oblidar o perquè no la va arribar a aprendre. Això es va fer sistemàticament a Austràlia i també als Estats Units, al Canadà i a Sibèria. Són les zones on es concentren més llengües amb darrers parlants.

També podem posar l'exemple del franquisme i el seu intent deliberat de fer desaparèixer el català, amb lleis que el prohibien en totes les esferes i una política de persecució. No se'n va sortir. La pregunta és si allò que no va arribar a aconseguir el franquisme, que es va trobar amb la resistència i l'activisme lingüístic, podria acabar passant d'aquí poc per deixadesa nostra... Perquè la gran diferència entre el català i la majoria de la resta de les llengües en procés d'extinció és que en el cas del català sabem que la llengua va retrocedint, en tenim dades. Normalment, en descripcions de mort d'una llengua veiem que els parlants no en van ser conscients fins que no hi havia res a fer. En canvi, aquí, la informació, la tenim. O la podem tenir, heus aquí la raó d'aquest llibre. Només es tracta de voler actuar en conseqüència.

Atenent-nos a les tres fases que he explicat resumidament, avui al món hi ha poc més d'un 10% de llengües en fase final, és a dir, de les quals ja només queden els darrers parlants, i hi ha un 40% de llengües que han deixat de ser transmeses de pares a fills. Aquest 10% i aquest 40% són el 50% de llengües amenaçades que recull la UNESCO: llengües que difícilment es poden salvar, a hores d'ara. La majoria d'aquest 10% de llengües amb darrers parlants són a Austràlia i Califòrnia (Estats Units). I el 40% de les llengües que han deixat de transmetre's les trobem, sobretot, a l'Amèrica Central i Llatina i a l'Àsia. Un exemple: al Nepal, s'hi parlen unes vuitanta llengües, però la política lingüística de l'Estat estableix que l'única llengua oficial és el nepalès i això ha fet que moltes de les altres llengües hagin deixat de transmetre's. Aquesta política de llengua oficial ha fet entrar en fase de decadència moltes llengües de l'Àsia.

A l'Àfrica, tot i que hi trobem llengües en procés de substitució, és el lloc del món on es preserva més la diversitat lingüística. Encara que, en el moment de les independències, pràcticament tots els països van optar per la llengua colonial com a llengua oficial, la gent no les parlava pas, les llengües colonials. Les llengües que comencen a desaparèixer ho fan a mans d'altres llengües africanes, que són les que la gent sap i parla. El suahili a l'Àfrica Oriental és el cas més clar, però també el haussa a Nigèria i el wòlof al Senegal: són llengües que han crescut molt a costa d'altres llengües africanes.

Tanmateix, tot i aquests casos, hi ha encara més llengües en fase primària, les quals mostren alguns símptomes, i són molt poques, proporcionalment, les que han deixat de transmetre's i tenen darrers parlants.

Europa, en canvi, és capdavantera en el procés d'extinció de llengües. Podem dir que l'homogeneïtzació lingüística s'ha consumat, pràcticament. D'una banda, hi ha els estats, amb unes llengües oficials que s'imposen a tota la població, i d'una altra, fa temps que l'escolarització és obligatòria, cosa que significa l'homogeneïtzació de la llengua oficial, perquè l'escola no acostuma a respectar la variació, més aviat imposa un únic model de llengua. Tot això porta a la mort de les llengües subordinades. Malgrat que d'un temps ençà s'han començat a intentar recuperar llengües, com el frisó i el feroès, fa anys que en la mentalitat de la població s'hi ha colat la idea que hi ha unes llengües importants, bones, vàlides, i unes altres de secundàries i prescindibles.

Encara avui es fa escarni de les llengües no oficials. Un exemple que em dol molt: quan vam organitzar el Congrés Internacional de Revitalització de Llengües Indígenes i Minoritzades, a l'acte inaugural va parlar un lingüista quítxua. I va parlar en la seva llengua. A mi em va semblar un fet d'un gran valor simbòlic: el discurs inaugural d'un congrés internacional a l'Aula Magna de la Universitat de Barcelona, en quítxua. La major part de la gent va escoltar-lo amb respecte. Però hi ha haver un sector que, o bé estava estupefacte, o bé es reia descaradament del que passava. I eren especialistes en processos de substitució lingüística, gent que treballa en això i se suposa que n'estan conscienciats. Un altre exemple: un especialista en llengües de les Filipines va venir a Barcelona i vam anar a sopar. Em va demanar en quina llengua havia parlat amb la cambrera i li vaig dir que en català. Em va dir: «Això vol dir que és d'aquí». Li vaig respondre que no necessàriament, perquè la noia de la recepció del seu hotel era filipina i amb mi havia parlat en català. I es va posar a riure, sense poder entendre que algú que no era català tingués cap preocupació ni interès per parlar-lo. I un altre cas: parlava amb un sociolingüista mexicà molt combatiu sobre els símptomes de substitució del català i li vaig dir que jo, en ple franquisme, havia tingut més possibilitats de parlar en català que no els meus fills en plena democràcia. Va dir: «Bé, això és perquè lluitàveu contra Franco». Com si per a ell parlar català fos una forma d'oposar-se a la dictadura. Ni tan sols ell podia entendre que si parlàvem català era perquè era la nostra llengua. I la mofa del català també la trobem entre nosaltres: només cal parar una mica l'orella i sentir com tot sovint se n'exagera l'accent i els seus trets fonètics per burlar-se'n.

Recuperar llengües en llocs on no hi ha cap voluntat explícita de recuperació és molt difícil. I si es recuperen, és bàsicament perquè els parlants han començat a tenir-ne consciència, no pas per la política dels estats. En aquest sentit, el català, com a llengua subordinada, sí que és una *rara avis* dins Europa, perquè totes les llengües que no eren oficials durant el segle XIX i primera meitat del XX ara estan en una situació molt més precària. Pensem en l'irlandès (l'oficialitat li va arribar tard), el bretó, l'alsacià, el cors, el sard, etc. Totes són molt lluny de l'ús social del català, que, a més, és la llengua vehicular a les institucions, les escoles i els mitjans de comunicació públics. Però que això no ens faci abaixar la guàrdia. Perquè el català forma part d'aquest 40% de llengües del món que són en la fase primària de l'extinció, és a dir, mostrant-ne símptomes.

ÉS GREU, DOCTOR?

Dèiem que una llengua pot trobar-se en la fase primària del procés d'extinció durant segles, mostrar-ne símptomes, fins que arriba al punt de deixar de transmetre's. I també dèiem que en tots aquests casos coincideix que la comunitat ha entrat en un procés de bilingüització, és a dir: en la comunitat on es parla hi entra una nova llengua que la va substituint. Perquè en una societat on es parlen dues llengües, generalment —jo no conec cap cas on no sigui així—, hi ha una llengua que s'acaba imposant a l'altra.

Quins símptomes mostra, el català, que ens hagin de fer preocupar? O potser no n'hi ha per a tant?

1. Caiguda sostinguda del nombre de parlants

Si repassem les dades de l'Enquesta d'Usos Lingüístics de la Població (EULP) des que se'n recullen —això és, des del 2003—, observem que el nombre de gent que té el català com a llengua inicial (la llengua amb què han après a parlar) va minvant.

L'any 2003 hi havia un 40,4% de la població que tenia com a llengua inicial el català, i l'any 2018 era un 31,5%. Entre el 2003 i el 2013, el percentatge va anar davallant, ara un 31,6% (el 2008), ara un 31,0% (el 2013). Tot i el petit repunt d'aquests darrers cinc anys, la xifra de persones que tenen el català com a llengua inicial des del 2003 s'ha reduït, si ja era minsa, dels 2.231.000 als 2.010.000. I parlem de reculada quan partim només d'un 40% de parlants inicials respecte de la població total, és a dir, que el 2003 ja estàvem molt per sota de la meitat.

El percentatge de gent que té el català com a llengua habitual, més enllà de si és llengua inicial o no, també fa encendre les alarmes: un 36,1%. És a dir, de cada deu persones, no arriben a quatre les que parlen habitualment en català. I un altre símptoma clar de llengua en retrocés: el percentatge de persones que sempre comencen una conversa en català, que ja era baix, encara s'ha reduït més, un punt, del 24,7% l'any 2013 al 23,6% el 2018. Això vol dir que menys d'un quart de la població comença una conversa en català. El pitjor mal que tenim és aquest, que menys del 25% de la població comença una conversa en aquesta llengua. Us heu aturat a pensar-hi mai? En quina llengua parleu a algú desconegut? Quan us atanseu a un taulell, quan pugeu a un taxi, quan entreu a una botiga, quan truqueu a la companyia del gas, quan obriu la porta al lampista, quan demaneu un cafè, i viceversa, quan us acosteu a la taula a prendre nota als comensals, quan visiteu un client, quan truqueu a un usuari de l'empresa on treballeu, quan entra un client potencial a la vostra botiga, quan puja algú al vostre taxi, quan se us atansa un usuari al taulell. I a la reunió de l'escala, amb els companys d'un curset, amb els pares de l'escola. En quina llengua hi parleu? Aquest és el nostre gran mal, sí. Alhora, però, pot ser també la nostra salvació. Anem a pams.

Hi ha qui atribueix la davallada del català com a primera llengua a l'onada migratòria dels anys 2003-2008. Però, arribats aquí, cal recordar que l'any 1990 ja hi havia especialistes que alertaven que la tendència era aquesta. L'any 1999 jo mateixa vaig publicar un article que explicava que, si no hi fèiem res, aniríem cap on som ara. Ens van titllar de catastrofistes, però les dades demostraven que el camí emprès ja era claríssim.

Tot plegat, ben lògic: a mesura que la llengua va perdent parlants, hi ha menys possibilitats de parlar-la, ho hem vist en la descripció de la fase primària. És la manca d'ús d'una llengua el que l'empeny a la decadència i a la mort, potser a poc a poc, però inexorablement si no s'hi fa res. La pèrdua relativa de parlants que comencen les converses en català, doncs, és un símptoma prou clar de llengua en perill d'extinció. Però encara en tenim més.

2. Reducció de la base territorial

A començament dels anys 2000, en un diàleg entre el lingüista Joan Solà i l'escriptor Quim Monzó sobre el futur de la llengua, Solà va explicar-ho de manera molt gràfica. Va dir que ho donava tot, la justícia, la televisió, els diaris, l'escola, i mira que l'escola era important, deia, però també la donava; ho donava tot a canvi que a la plaça de Catalunya de Barcelona es parlés català com es parlava quaranta anys enrere. Es referia als anys seixanta, quan el català era la llengua que se sentia més habitualment a la zona. Ara ja no ho és. Tot i ser oficial. Són aquests espais que anem perdent a vegades de manera imperceptible. Perquè, més enllà de la importància de l'oficialitat de la llengua, la millor manera que es mantingui viva, l'única, és fent-la servir.

Més endavant ja parlarem dels punts que tenim a favor, que n'hi ha, és clar, però aquest és un altre símptoma negatiu: la base territorial del català s'ha anat reduint. N'hi ha prou de passejar-se pel país i fixar-se on es parla català i amb quina freqüència i comparar-ho amb uns dos-cents anys enrere, quan no hi havia la barreja de llengües que hi ha avui. Els indrets més clars de com ha canviat la situació són, segurament, la Catalunya del Nord i les comarques més meridionals dels Països Catalans, on la quantitat de catalanoparlants ha anat minvant.

Si ens centrem en el Principat, en aquest mapa, hi trobem dades ben significatives. L'any 1996 ja no hi havia cap comarca costanera, tret del Montsià, ni cap comarca de les més industrialitzades on el percentatge de persones que sabien parlar català arribés al 90%.

Població de dos anys o més que saben parlar català (1996)

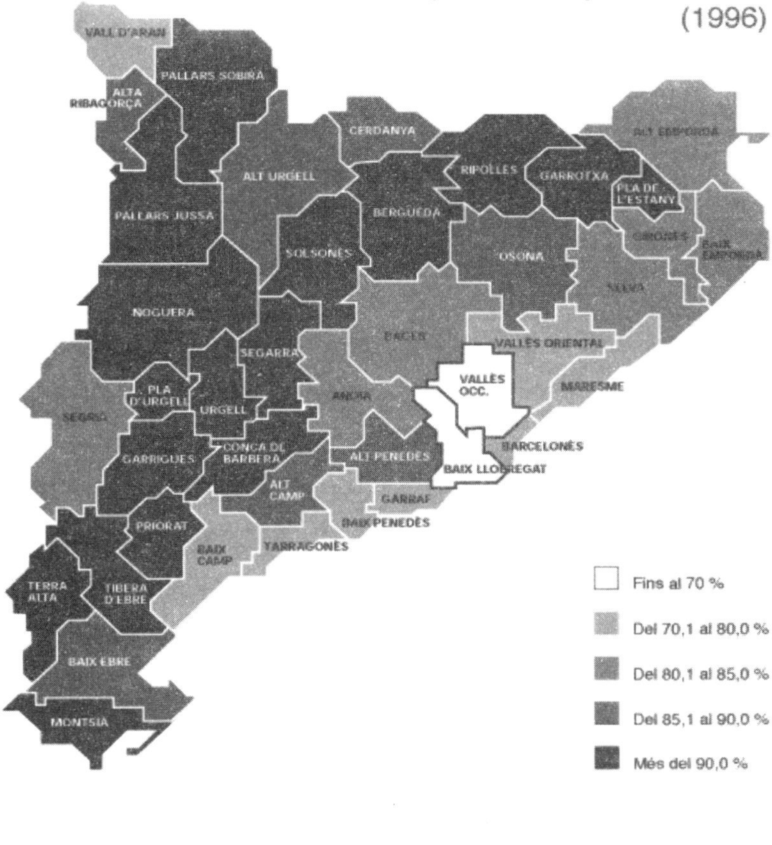

Si ens fixem en les comarques on més del 90% de la població parlava català, el resultat és aquest altre mapa:

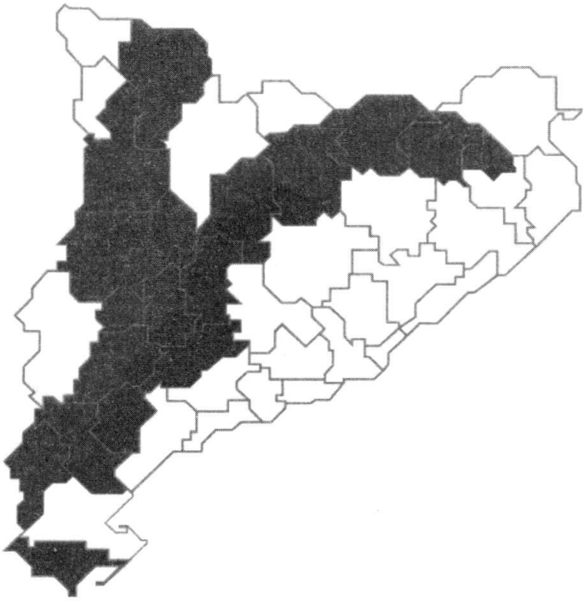

Tenint en compte que fa dos-cents anys, abans de la Revolució Industrial, aquesta proporció es donava a totes les comarques, la conclusió és prou clara: la base territorial del català s'ha reduït i continua reduint-se.

Ja als anys noranta, amb aquest mapa a la mà, alertàvem del perill que s'acabés obrint un passadís entre dos grans centres urbans, Barcelona i Lleida; un passadís que ja havia començat a avançar pel Baix Llobregat, l'Alt Penedès i l'Anoia, i que si acabava obrint-se del tot també trencaria un altre eix, gairebé imperceptible: el que anava de l'Alt Urgell al Tarragonès i el Baix Camp, cosa que faria que els nuclis amb població majoritàriament catalanoparlant quedessin aïllats.

D'això, n'avisàvem l'any 1996. L'any 2011, el Baròmetre de la Comunicació i la Cultura ja mostrava que aquest passadís s'havia obert i ja només quedaven tres comarques on el català fos la llengua habitual de més del 80% de la població: la Terra Alta (89%), les Garrigues (82,8%) i la Ribera d'Ebre (80,4%).

Encara que abans parlàvem de coneixement i ara d'ús, la tendència a la baixa és clara, sobretot perquè pocs anys més tard les dades de l'Enquesta d'Usos Lingüístics de la Població del 2018 mostren que ja no hi ha cap àmbit territorial on el català com a llengua habitual superi el 80%: a les Terres de l'Ebre és un 72,2%; a les comarques centrals, un 59,6%; a Ponent, un 57,0%; a l'Alt Pirineu i l'Aran, un 58,8%; a les comarques gironines, 54,1%; al Camp de Tarragona, un 40,4%; al Penedès, un 38,9%, i a l'àmbit metropolità, un 27,5%.

Força dramàtic, oi? Unes dades que, a més, trenquen la creença força estesa que el català només perilla a l'àrea metropolitana de Barcelona i para de comptar. És l'àmbit geogràfic amb el percentatge més baix de catalanoparlants, però les comarques que el segueixen no són gaire esperançadores, tampoc. El català perilla molt més enllà de l'àrea metropolitana de Barcelona, potser més i tot, perquè molta gent de l'àrea metropolitana té clar que hi ha una problema amb la llengua, i té clar que el català s'hi ha de replantar. En canvi, en altres zones on el català també perilla no hi ha pas consciència sobre aquest perill.

Llengua habitual català (% sobre total població de cada comarca)

Llengua habitual català

2.538.000 persones, un 39,5 % de la població té com a llengua habitual el català

Base: població de Catalunya +14 anys

Font: Coneixements i usos del català a Catalunya el 2010 (Baròmetre de la Comunicació i la Cultura)

	Aud. (000)	Pen. (%)	Índex
Terra Alta	10	89,0	225
Garrigues	15	82,8	210
Ribera d'Ebre	17	80,4	203
Conca de Barberà	15	78,6	199
Ripollès	18	76,6	194
Priorat	7	76,0	192
Pallars Jussà	9	75,7	192
Pla de l'Estany	19	75,7	191
Pallars Sobirà	5	75,1	190
Garrotxa	36	74,2	188
Urgell	23	73,9	187
Baix Ebre	52	73,6	186
Solsonès	9	73,2	185
Montsià	46	73,1	185
Pla d'Urgell	23	71,8	182
Noguera	25	70,6	179
Berguedà	25	68,3	173
Osona	87	67,8	172
Alt Urgell	13	66,8	169
Alta Ribagorça	3	66,6	168
Segarra	13	65,7	166
Segrià	106	60,7	154
Cerdanya	10	60,3	153
Alt Penedès	50	57,0	144
Gironès	84	55,4	140
Alt Camp	21	54,7	138
Bages	84	53,2	135
Alt Empordà	61	51,6	131
Baix Empordà	57	50,5	128
Maresme	176	48,7	123
Selva	68	47,0	119
Anoia	44	44,4	112
Vallès Oriental	125	37,8	96
Garraf	45	37,6	95
Baix Camp	57	35,8	91
Tarragonès	73	34,9	88
Vallès Occidental	250	34,0	86
Baix Penedès	24	29,0	73
Barcelonès	554	27,9	70
Val d'Aran	2	26,8	68
Baix Llobregat	175	26,1	66

L'esperança del català vindrà dels qui arriben de fora i d'allà on el català està pitjor, perquè és on hi ha més consciència. I ho dic en futur perquè encara no hi ha prou consciència del que passa i no s'hi ha fet front, de manera que encara no es creu que calgui esperança. Confiem que s'hi reaccioni aviat, és la raó de ser d'aquest llibre.

Hi ha la sensació estesa que ja es parla prou i força català. Però sabeu per què? Perquè tenim assumida la convicció que el català és una anomalia, i això fa que ens hi fixem més quan el sentim parlar. Perquè és una cosa menys habitual. El cas del basc ens pot servir de paral·lelisme, tot i que els percentatges puguin ser una mica inferiors. Segur que a vosaltres també us ha passat voltant pel País Basc: ens crida l'atenció quan sentim parlar basc, i acabem concloent que allà on hem estat s'hi parla basc. I potser només n'hem sentit unes poques converses i prou. A Catalunya passa una cosa similar, si bé s'hi senten unes quantes converses més en català. Però si hi ha algú que encara avui diu que en alguns pobles tothom parla català és que no es deu mirar les dades ni deu trepitjar els pobles. Perquè si l'àmbit territorial amb el percentatge més alt té un 72% d'ús habitual del català, jo diria que és evident que no queda cap lloc on només es parli català. Més enllà que hi pugui haver algun poble de pocs habitants on tots siguin catalanoparlants, la realitat és que no poden anar gaire lluny sense trobar algú que no parli català. En canvi, fa anys, hi havia molts territoris on et podies moure sabent que la cosa estranya seria trobar algú que no t'entengués. Això ja no passa.

3. Els joves parlen menys en català

Si hi ha un símptoma universal que indica de manera més clara el declivi del català és que va deixant de ser la llengua habitual dels joves. És el més evident i el més greu perquè els joves, que són el demà i, per tant, els qui tenen a les mans el futur del català, la seva pervivència, cada vegada el parlen menys. Les dades són per posar-se les mans al cap: només un 35,2% dels joves parla català de manera habitual. El percentatge ha minvat set punts des del 2003, quan era d'un 42,2%. Entremig, una forta caiguda (31,5%, any 2008), un petit repunt ja des de molt avall (36,4%, any 2013) i, novament, la davallada que indiquen les dades del 2018 (35,2%). A banda d'això, només un 16,3% de joves (de quinze a vint-i-nou anys) diuen que comencen «sempre» les converses en català. El joves en aquesta franja d'edat són els qui presenten el percentatge més baix, els qui menys converses comencen en català.

Una demostració que fa evident que el problema no preocupa és que encara no hi ha dades recents sobre la transmissió de la llengua de pares a fills en famílies en què només un dels dos progenitors té el català com a primera llengua, una situació ben freqüent. No sabem, doncs, si en aquests casos es parla en català als fills o no. Sigui com vulgui, les dades sí que ens diuen que, pel que fa a catalanoparlants inicials, avui per avui, la gent gran parla menys català que el que parlava quan era jove i que la gent jove parla menys català que el que parlaven els seus avantpassats a la seva edat. Dit a la inversa: els avis parlaven més català quan eren joves que no els seus nets avui.

I ens referim, hi insisteixo, a gent que té el català com a primera llengua.

Fa molts anys que observem aquests símptomes d'alerta, però fins ara passaven desapercebuts a la majoria de la gent. I fins i tot ara, malgrat les evidències, el discurs oficial encara és tan cofoi com sempre. Però negar la realitat no ha resolt mai cap problema.

Hi insisteixo: més enllà de la tendència global a la desaparició de les llengües, bona part de l'amenaça del català sorgeix, primer de tot, de la manca de consciència dels parlants. Si els parlants fóssim conscients de fins a quin punt el nostre comportament lingüístic té implicacions en el futur de la llengua, potser actuaríem de manera diferent.

2

Què és una llengua?

Hi ha molts conceptes que tots tenim interioritzats i que suposem que coneixem perfectament, però a l'hora de definir-los ens adonem que no és tan fàcil identificar-los i que potser no són tan obvis com ens havíem pensat. «Llengua» és un d'aquests conceptes. Per més que ens sembli claríssim que sabem què és i que siguem capaços de quantificar-la, per poc que hi aprofundim ens adonem que el nostre concepte de «llengua» és un artefacte cultural. Tenim una noció molt clara de quins són els límits territorials, tenim gramàtiques i diccionaris, ens sentim prou segurs si hem de dir quina és la nostra llengua o quantes llengües parlem. Però en moltes cultures aquest concepte no és tan clar. Per això podem trobar definicions tan diverses i que, a vegades, parlen de realitats clarament diferents. Dit això, provarem d'explicar què és una llengua, segons la nostra cultura.

En general, tots naixem amb capacitats per comunicar-nos mitjançant un codi. Aquest codi pot ser oral, però en els casos en què la sordesa n'impedeix l'adquisició, els humans podem dur a terme aquesta capacitat mitjançant codis no orals:

les llengües de signes. I de la mateixa manera que no podem decidir com han de ser els nostres òrgans vitals —quina capacitat tenen els nostres pulmons, si ens funcionen bé els ronyons, com ens bombeja el cor...—, tampoc no podem decidir com han de ser les llengües. Aquest fet explica la seva igualtat inherent: no hi ha unes llengües millors que unes altres. Ni més riques, ni més desenvolupades, ni més aptes per a determinades funcions, ni més eficaces, ni res.

La capacitat del llenguatge ens fa humans. Ens considerem humans a partir del moment en què som capaços de comunicar-nos mitjançant un codi lingüístic i, en aquesta primera llengua amb què comencem a comunicar-nos, sigui oralment o amb signes, ja hi ha tot allò que fa que una llengua sigui una llengua. La hipòtesi més acceptada entre els lingüistes és que totes les llengües tenen el mateix origen (monogènesi lingüística). A partir d'aquesta llengua inicial, comença el procés de diversificació, tant en l'espai com en el temps, com per característiques socials. El resultat d'aquesta diversificació és el que anomenem llengües.

La diversificació genera una de les grans preguntes de la lingüística històrica: si la llengua és un sistema de comunicació —i com a sistema de comunicació és millor que qualsevol altre, sigui natural o artificial—, per què li restem eficàcia diversificant-la? Aquesta pregunta té diverses respostes, però totes tenen un element en comú: si les llengües es diversifiquen és perquè no són sistemes de comunicació i prou. I també ha tingut respostes més enllà de la ciència: quan desapareix una llengua, o simplement està amenaçada, els esforços que es fan per revitalitzar-la no plantegen mai la qüestió de la comunicació. Comunicar-nos ja ens comuniquem en la llengua que sigui i com sigui (gestos, ganyotes...), però dir el que volem dir i ser qui som, això no és tan fàcil en la llengua d'un altre. Sempre explico el cas dels taïnos, que va exposar Francesc Queixalós en una conferència a la Universitat de Barcelona. Els taïnos són el primer grup ètnic que va trobar Colom quan va arribar a Amèrica. La seva llengua va desaparèixer al segle XVII i només ens n'han quedat algunes paraules, com ara «barbacoa» i «huracà». Fa cosa de vint anys, el doctor Queixalós va rebre una trucada dels taïnos de Nova York: li demanaven com s'ho havien de fer per recuperar la llengua. Aquí ens podem preguntar: per què un grup de persones que viu a Nova York sent la necessitat de recuperar una llengua que els seus ancestres van substituir fa més de dos segles? D'entrada, ells s'identifiquen com a taïnos. Quin problema hi ha? Doncs que, quan afirmen que són taïnos, la gent o bé no donen valor a aquesta afirmació, o se'n riuen o els sobta. Segurament no es qüestionaria la seva identitat taïna si parlessin la seva llengua, i per això aquests taïnos de Nova York la troben a faltar.

La sociolingüista finesa Tove Skutnabb-Kangas, que ha teoritzat força sobre la llengua materna, hi inclou entre les definicions la llengua amb la qual t'identifiques encara que no la parlis. Segurament és el cas dels taïnos. I n'hi ha d'altres. En la recerca de les llengües dels catalans, per exemple, vam conèixer un grup de coptes que deien que parlaven copte tot i que, en principi, és una llengua extingida. El parlen o no el parlen? No és feina nostra jutjar-ho, però per a ells era prou important per dir-nos que no parlaven àrab. També vam trobar una noia que afirmava que la seva llengua era el selknam. El selknam és una llengua que consta com a extingida des que en va morir la darrera parlant, cap als anys setanta del segle passat. Suposo que és un cas clar d'identificació sense parlar la llengua. En tot cas, es reivindiqui o no, la pèrdua de la llengua no es limita als qui l'han parlada sinó que la pateixen també els descendents als quals no se'ls ha transmès. I hem de tenir present que, massa sovint, si no es transmet una llengua és pel preu que s'ha hagut de pagar per parlar-la. Aquest és un poema de Letzadzo Kometsi que recorda justament això:

Mma

Mma! Gi tleketa lheli lingolo nke sibhedlele
gi jetwa kutshi gi funyenwe gi wiye ephasi, hlangkwe thudubulu
hlangkwami igumuridhili, Kutshwa begi zama ku tibulala

Kuba gi hlulekiye, kakadze gi hlulekiye, Mma
Gi hlulekiye ku bala siRhuwa, ga bhidwa Sisutfhu, Ga sidzwa lheku toloka sibogo sami
Mine gi yati siPhuthi te, Mma, gi khuliye gi khuluma sona, gi dla sona, gi dzina sona, gi dlala sona,gi tfhota sona, gi lusa sona
Gi sjapiwe karhulu yhi Titjhere yheSisutfhu a tshi gi mosja siSutfhu. Kugani Mma?
Gi sjapiwe futshi yhiTichere yheSirhuwa, a tshi gi nnehloko le bukhuni. Kugani?

Ba gwilitye libito lami, ba tshi gi li tlekete geSisutfhu … Mma
Ba tshi giya bhudha, agi tshi mine gi yati emabito yhetintakanakana, bo-zwazwi, likhwaba, lhemugorhubani.
Ba tshi lhebuphilo sele bu gibhalle kuba agitiyati emayele; tibhali ti fiye la bocece

Gi to buta ku bani, kuba awusekho, laBabe akakho
Gi to buta ku bani kuba asikho sikolo sesiPhuthi, lheku bulla ba bulla Sisutfhu
Gi to buta kubani kuba lheBhayibhili, gi tjho lhetifila tesiPhuthi, ati kho

Gi to rudheka djani kuba gi khulunyiswa emalimi abhe
Magi fe ke, gi te ku we la Babe
Line li gitshadza gigumuPhuthi

Mare

Mare! T'escric aquesta carta des de l'hospital.
M'han dit que em van trobar a terra, prop d'una pila d'escombraries.
Al meu costat hi havia una ceba salvatge. Diuen que volia suïcidar-me.
Perquè he fallat, de fet he fallat.

No he pogut llegir en anglès, no he pogut parlar sesotho,
i tampoc no he pogut recitar el meu llinatge.
I només sé siPhuthi, mare; vaig créixer parlant-lo, menjant-lo, vestint-lo,
jugant-lo, recollint-lo com la llenya i tenint-ne cura.
El professor de sesotho em va apallissar i em va dir que feia bastard el sesotho.
Per què, mare?
Em va apallissar més el professor d'anglès, i em deia que era estúpid. Per què?
Em van canviar el nom, em van demanar d'escriure en sesotho, mare.

Em diuen que dic bestieses, però jo sé noms d'ocells com zwazwi, likhwaba
i també mugorhubani.
Diuen que he fracassat a la vida perquè no conec els proverbis. La meva
tradició va morir amb les àvies.

A qui ho he de preguntar? Perquè tu te'n vas anar i el meu pare també.
A qui ho he de preguntar? Perquè no hi ha una escola de siPhuthi, fins i tot van
als campaments d'iniciació de sesotho.
A qui ho he de preguntar? Que no hi ha bíblia, ni himnes siPhuti. No existeixen.
Com m'educaré, si em parlen en llengües estranyes?
Deixeu-me morir i venir amb tu i el pare.
Perquè vosaltres estimeu el muPhuthi que jo soc.[1]

1. Shah, Sheena (2019). «The struggle for language rights for Phuthi in Lesotho», a: *Linguapax Review 6: Languages, Worlds and Actions*. Barcelona: Linguapax International, p. 258-285. Traducció al català de Violeta Roca Font.

3

El parany del bilingüisme social

Quantes vegades no ens hem trobat en una situació com aquesta: tu, catalanoparlant, has d'adreçar-te a un interlocutor, sovint desconegut, i, davant la incògnita de si parla català, de si l'entén, de optes directament per parlar-li en castellà. És a dir, optes per la llengua no marcada perquè és la llengua que saps —que presumeixes— que no et donarà cap problema. Si li parles en català, ves a saber què pensarà de tu, o potser et dirà que no t'entén; si li parles en castellà, segurament no passarà res. No passarà res, però tu vas renunciant a ser qui ets. És el fenomen anomenat «norma de convergència», un comportament lingüístic molt habitual en parlants de llengües subordinades: fa que no esperem mai que una persona que no coneixem parli la nostra llengua i, per això, optem per la llengua dominant, que és la que ens estalviarà possibles problemes.

I quin mal hi ha, a canviar de llengua? Doncs el mal d'aquest comportament és que redueix molt les possibilitats d'usar la llengua pròpia, encara que ho fem sense adonar-nos-en. Totes aquelles possibilitats en què l'interlocutor sí que sap la nostra llengua, que en el cas del català són la majoria, perquè resulta que el 94,4 % de la població de Catalunya entén el català i el 81,2 % el sap parlar, segons la darrera Enquesta d'Usos Lingüístics de la Població. Però com que seguim aquest mal hàbit, perdem totes aquestes possibilitats de parlar el català. És una de les situacions més letals per a la llengua.

Si volem enfortir el català, l'objectiu principal, la clau de volta, és capgirar aquesta convergència al castellà i mantenir-se en el català. I per a això cal, primer de tot, ser conscients del que passa i de les conseqüències que té per a la llengua. Cada vegada que no fem servir la llengua podent-ho fer, l'empenyem cap a un punt de no-retorn.

En aquestes pàgines mirem d'empènyer aquesta consciència, d'explicar quines són aquestes implicacions i què podem fer cadascun de nosaltres en la nostra vida quotidiana per frenar la tendència del català cap a l'extinció i per mantenir-lo viu, que vol dir fer-lo necessari, i sobretot fer que sigui, com ho ha estat, la llengua de convivència en aquest racó de món, on es va originar segles enrere i on avui conviu gent arribada de tot arreu que parla més de tres-centes llengües.

Aquí ens fixem, principalment, en el cas de Catalunya, perquè és el territori que, en teoria, ha tingut tot allò que calia perquè el català fos la llengua vehicular i de convivència en tots els àmbits: condició d'oficial, llengua vehicular a l'ensenyament i als mitjans de comunicació, polítiques lingüístiques favorables dels governs, etc. Això no ho podem dir del País Valencià ni de les Illes Balears, i encara menys de la Catalunya del Nord. Però les receptes i els consells que exposo aquí són els mateixos i serveixen igual, atès que la majoria es dirigeixen a cadascun de nosaltres de manera particular, més enllà de com puguin actuar les administracions.

PARLAR UNA SOLA LLENGUA? DUES? MOLTES?

Un dia em van telefonar d'una operadora. El telefonista em va parlar en castellà i jo li vaig respondre en català. Em va demanar que li parlés en castellà i li vaig dir que no, que era ell qui trucava. «A Catalunya hi ha bilingüisme», em va dir. «Sí, per a tothom», li vaig respondre.

Aquesta és la trampa. El bilingüisme, com a objectiu, no crec que sigui assolible. Però la qüestió és que els bilingües som els qui tenim el català com a primera llengua. Entre els qui tenen el castellà, hi ha de tot. I els qui defensen el bilingüisme, normalment, ho fan per imposar la seva llengua.

El fet que el català visqui així, en una comunitat que ha esdevingut bilingüe, ofereix, com a mínim, les condicions perquè sigui possible un procés de substitució lingüística, és a dir, que el castellà acabi ocupant el lloc del català. Perquè una característica comuna de totes les llengües que han desaparegut o que es troben en procés d'extinció és que en algun moment de la seva història van passar a ser llengües subordinades. En algun moment van començar un procés de bilingüització. Com el que viu el català.

Per què promovem una situació de risc? Ens ho hauríem de fer mirar. Per què volem arribar a una situació que és una amenaça en si mateixa? Per què ens dobleguem amb tanta facilitat, o amb tan poca resistència?

Si la qüestió és defugir el bilingüisme perquè sabem que obre la porta a l'extinció, la pregunta és: què ens convindria més? Ser una comunitat monolingüe o bé donar valor al multilingüisme existent, amb tres-centes llengües convivint al país, i aprofitar els avantatges que aquesta gran varietat de llengües puguin donar?

MONOLINGÜISME: UNA MALALTIA QUE CONVÉ ERRADICAR

Avui dia, el monolingüisme no és possible ni té cap sentit. És una opció implantejable. Però és que, a més a més, tampoc no és pas una opció desitjable, ni tan sols encara que sigui una llengua dominant com ara l'anglès. Com més parlants té una llengua, més tendència al monolingüisme hi ha; però fins i tot en aquest cas, les societats monolingües també tenen aspectes negatius. D'entrada, perquè ser monolingüe limita la visió del món. Impedeix la perspectiva que les coses es poden fer d'una altra manera. Hi ha estudis que demostren que les persones que parlen, com a mínim, dues llengües són més ràpides a l'hora de prendre decisions, estan més obertes a la possibilitat que les coses canviïn. Una persona que està disposada que les coses canviïn segur que té moltes més possibilitats a la vida que no algú que vol que les coses sempre siguin d'una mateixa manera. Tove Skutnabb-Kangas diu que el monolingüisme és una malaltia que s'hauria d'erradicar.

És cert que els qui som parlants de llengües minoritàries, si no sabem altres llengües, quedem fora de joc. Ara bé, una cosa és saber més llengües i una altra cosa és fer-les servir. Ho dic sempre en relació amb l'anglès. És clar que hem de tenir accés a tot allò que es produeix en altres llengües, per poder-nos comunicar amb altres llocs del món, però tenint clar que nosaltres posseïm una llengua de la qual som responsables. Tenim la responsabilitat de transmetre-la i de fer-la servir.

EL BILINGÜISME ENS CONDEMNA, ENCARA QUE SIGUI MALVIST DIR-HO

Amb el temps que fa que s'estudia el contacte de llengües, s'ha vist que hi ha una diferència fonamental entre allò que passa en les comunitats bilingües i allò que passa en les multilingües: fa uns anys, el Grup d'Estudis de Llengües Amenaçades (GELA) ens vam preguntar com era que algunes llengües no havien desaparegut tot i haver rebut les mateixes pressions que unes altres que sí que havien patit aquesta fatalitat. I l'element en comú és que totes les que s'havien salvat formaven part de societats multilingües. Ens pensem que la diversitat és una amenaça, però no és pas veritat. Quan, en una comunitat monolingüe, hi arriba una altra llengua que ocupa els espais de la primera, aquesta primera llengua esdevé inútil perquè els habitants passen a utilitzar la segona. En canvi, si arriba una llengua nova en una comunitat plurilingüe, on la gent està acostumada a parlar la llengua del veí, la nova esdevé una llengua més: s'incorpora al sistema i no en desapareix cap. Aquesta és la clau.

Un exemple que trobem al Pacífic: a Hawaii, el hawaià era l'única llengua fins que hi va arribar l'anglès. Durant el procés de colonització, l'anglès va anar arraconant el hawaià fins a fer-lo desaparèixer. I avui s'hi parla anglès, malgrat els intents de revitalitzar el hawaià. En canvi, si anem a Vanuatu, ens trobem que s'hi parlen un centenar de llengües. Quan hi va arribar l'anglès, la societat ja era molt multilingüe, de manera que l'anglès va passar a ser un llengua més i prou. I totes les llengües han aguantat. També cal dir que a Vanuatu hi ha una voluntat de no deixar perdre les llengües, sobretot per part dels dirigents locals. És l'indret del món amb l'índex més alt de diversitat lingüística.

No conec cap cas de societat bilingüe que s'hagi mantingut estable. Quan parlo de societat bilingüe em refereixo a aquella on TOTS els membres de la societat parlen les dues mateixes llengües. No és ni un bilingüisme territorial (com seria el cas de Bèlgica o de Suïssa, on el territori és dividit per zones lingüístiques) ni tampoc un bilingüisme individual (és a dir, que les persones parlin dues llengües, pel motiu que sigui). Parlo de bilingüisme social. Totes les llengües europees que es troben en situacions complicades es van morint de bilingüisme. En la majoria són casos en què hi ha una llengua oficial que s'ha imposat a tota la població, i això els ha portat a la substitució lingüística.

A Catalunya es parlen més de tres-centes llengües. Segons les dades de l'IDESCAT del 2018, després del castellà i el català, la llengua més parlada és l'àrab (2,2 %), seguida del romanès (1,1 %), el francès (0,6 %), l'amazic, el portuguès i el rus (tots tres, un 0,5 %), i el xinès i l'italià (0,4 %), per esmentar les més parlades. Però tot i la diversitat lingüística existent, a la pràctica continuem funcionant com si fóssim una societat bilingüe, i no hem fet res per canviar-ho. Al contrari, els catalanoparlants la bilingüitzem encara més cada vegada que parlem en castellà a algú que no coneixem. Com ja he dit, això no fa sinó alimentar la llengua dominant i disminuir les possibilitats de les llengües subordinades.

LA DIVERSITAT ÉS UN VALOR

Tornem a les dades. Abans de la darrera onada migratòria (2003-2008), l'ús del castellà havia anat pujant mentre que, paral·lelament, l'ús del català davallava. El percentatge que es reduïa del català era el que es menjava el castellà. Ara, en canvi, les enquestes més recents mostren que el castellà ha alentit el creixement, podem dir que gairebé es manté igual, i el català, en els darrers cinc anys, també es manté si fa no fa com estava. Avui, a més, hi ha, aproximadament, un 10 % d'altres llengües. Potser és poc encara, però és una situació inèdita. I és beneficiosa, perquè permet que disminueixi la pressió del castellà sobre el català. Aquest 10 % de nouvinguts es pot decantar cap a una banda o cap a una altra. I això sí que depèn del comportament dels catalanoparlants. Segons com fem les coses, si els parlem a tots en castellà, farem que s'afegeixin al grup de castellanoparlants i això farà que torni a créixer la pressió sobre el català. Però que passi és a les nostres mans. No podem afirmar pas que hi hagi una comunitat que tingui més predisposició que una altra a aprendre català, sinó que això depèn, més aviat, de les circumstàncies de cadascú. Per això, nosaltres hem de fer que les circumstàncies personals els portin a viure en català.

Totes les llengües són la realització d'una capacitat humana universal. Cada llengua combina els elements d'una manera diferent, i així es genera la diversitat. Bé, doncs, és això el que permet a la humanitat d'entendre que les coses es poden fer de manera diferent, que el coneixement pot ser divers i complementari, que les coses no han de ser iguals. Quan reduïm les llengües —i això cada dia ho veiem més; en la ciència, per exemple—, es perd molt de coneixement produït en aquestes llengües, i això no fa sinó reduir molt les possibilitats de la humanitat.

Estem acostumats que ens expliquin el mite de Babel com una maledicció: els homes volien construir una torre que arribés fins al cel i Déu va multiplicar-los les llengües perquè no s'entenguessin i es dispersessin per tota la Terra. Però també es podria entendre d'una altra manera. Què fa la humanitat quan té una llengua i prou? Només se li acut de construir una torre per ser com Déu. En canvi, la creativitat arriba quan hi ha aquesta suposada maledicció, que en realitat fa aparèixer moltes coses diverses.

La lingüista Suzanne Romaine deia que el remei del teu càncer podria estar amagat en una d'aquestes llengües que menysprees. Les llengües contenen coneixements. Coneixements que podem necessitar qualsevol de nosaltres ves a saber quan. Si suprimim aquest coneixement, ja no el recuperarem més. Perquè fins i tot si un dia es recupera la llengua, mai no serà com hauria estat si no s'hagués deixat de transmetre. No em vull imaginar un món on només es parli una llengua. Si tots tenim les mateixes necessitats, tots tenim la mateixa incapacitat de satisfer-les. Que tinguem necessitats diferents ens permet la cooperació, obrir-nos a altres perspectives i tenir altres possibilitats. Si tots fem exactament el mateix, això ens portarà a l'extinció.

Si pensem en les activitats que fem, ens adonarem que moltes ens han arribat d'altres cultures: el ioga, el taitxí, el futbol mateix, per no parlar dels canvis en els costums culinaris, en el vestir, etc. Crec que ni tan sols ens podem imaginar en un món on totes les nostres activitats les haguéssim de generar en la nostra cultura. Si ho traslladem a la llengua, per començar, tot això implica paraules que o bé incorporem d'altres llengües o bé hem de crear nosaltres. Per posar un exemple ben casolà, les transmissions esportives de Joaquim Maria Puyal, amb manlleus i tot de vocabulari futbolístic adaptat al català (com l'«orsai» que va popularitzar), no haurien estat possibles sense la influència d'altres llengües i cultures. El lèxic del futbol i l'esport mateix provenen d'Anglaterra. O un altre: la cantant Rosalía, que també és un exemple d'incorporació de cultures molt diverses.

Si penso en els estudiants universitaris de fa quaranta anys i en els d'ara, una de les diferències més grans és aquesta: abans, el poliglotisme era una raresa, mentre que ara és un fet habitual. Abans, les llengües estrangeres més exòtiques eren les semítiques (el grup de llengües que inclou l'àrab, i també l'hebreu i l'amhàric, la llengua oficial d'Etiòpia), ara, però, hi trobes llengües de tot el món. Els alumnes estan molt més preparats per extreure coneixements d'aquesta diversitat, poden aportar molt més a l'aula. I tot això pot haver arribat pels orígens familiars, pels contactes amb gent d'arreu del món, per l'esport, pel manga, etc.

Ara que ens veiem a sobre la crisi climàtica, moltes veus avisen que escoltem les cultures ancestrals, que són les que saben com tractar la naturalesa. Si desapareixen totes aquestes llengües, aquesta possibilitat ja no la tindrem, perquè amb la llengua se'n van molts dels coneixements que vehicula.

I SI ENS QUEDEM ABANS SENSE LLENGUA QUE NO SENSE PARLANTS?

I si el català, de tant acostar-se al castellà, de tant de temps de rebre'n interferències, acaba convertint-se en una altra llengua, per molt que la continuem anomenant català?

Hi ha la preocupació entre filòlegs i lingüistes que abans no entrem en la fase de decadència, abans que el català no entri en fase terminal perquè hagi deixat de transmetre's de pares a fills, pugui passar que el contacte amb el castellà hagi fet que ja gairebé no distingim la llengua catalana de la castellana, que els parlants parlaran alguna cosa que s'assemblarà al català, però que estarà tan infestat de castellanismes, d'estructures gramaticals pròpies d'una altra llengua, que ja no en quedarà gairebé res, del català, perquè les estructures pròpies del català, la gramàtica, la sintaxi, hauran quedat substituïdes per les castellanes.

En certa manera, tot això que experimenta al català acostuma a passar sempre a les comunitats bilingüitzades, com ja he dit. Però ara en aquest paràgraf em refereixo al procés de substitució fruit de l'acostament: no és que una llengua en substitueixi una altra, sinó que aquesta altra, la pròpia, es modifica tant per culpa de les interferències que acaba tenint més trets propis de la llengua dominant que no pas seus. És a dir, no canviem de llengua sinó que canviem la llengua que parlem i fem que cada vegada s'assembli més a la llengua dominant.

Arribats aquí, hem de recordar que totes les llengües canvien constantment. És un fet inherent a la llengua i, a més, demostra que una llengua és alguna entitat més que un sistema de comunicació. Nosaltres no parlem com els nostres pares, ni ells parlen el català dels avis ni dels besavis, de la mateixa manera que els anglesos avui no parlen igual que els seus antecessors. La llengua canvia perquè és viva, perquè la gent la parla. I això, des del punt de vista d'un lingüista, que estudia el funcionament del llenguatge, sembla força inevitable.

En el cas del català, a aquesta tendència natural al canvi hi ha un afegit, que és que tenim una font d'interferències molt potent: el castellà. I, a causa de les interferències constants, al final no distingim una llengua i una altra. Per exemple: si no ens grinyola sentir «*se* m'ha caigut» (del castellà *se me ha caído*) en comptes de «m'ha caigut», o «*pel* matí» (del castellà *por la mañana*) en comptes de «al matí», és perquè estem tan familiaritzats amb el castellà que no en detectem les interferències. També passa entre gent que parla català habitualment; fins i tot, entre professionals de la comunicació. Ara també tenim les interferències de l'anglès, però la diferència és que aquestes altres estructures gramaticals les detectem de seguida, perquè són més llunyanes. Seguint amb l'exemple d'abans, si sentim dir «en el matí» (*in the morning*), sí que ens sona estrany, oi? Si les interferències provenen de llengües diferents, les detectem i les corregim, perquè hi ha totes les altres influències per contrarestar-ho. Una societat multilingüe ens dona més possibilitats de mantenir la llengua genuïna que no una societat bilingüe.

Totes les llengües canvien, sempre. Sigui pel pas del temps, sigui per contacte. L'estudi del contacte de llengües és molt recent, però ha detectat que hi ha una gran diferència entre els canvis que es donen en societats multilingües i els que tenen lloc en societats bilingües. En societats multilingües, com que les influències són de diverses llengües, no hi ha una única força que pugui determinar el canvi perquè hi ha totes les altres influències per contrarestar-ho. En canvi, en les societats bilingüitzades, com que tothom sap ambdues llengües, no hi ha aquest element corrector, perquè tothom en coneix la font, i això fa que la llengua subordinada s'assembli cada vegada més a la dominant.

Avui, les interferències són l'obstacle més notable que tenim. I és molt difícil de solucionar. En aquest sentit, recordem això que dèiem que tenim molts substrats diferents, és a dir, que molts dels qui ara s'incorporen al català tenen llengües diferents. Això permetria que moltes coses es posessin a lloc, perquè se'n percebrien les anomalies. Però ara com ara no treballem en aquesta direcció. La promoció del bilingüisme ens condemna, doncs. Sigui perquè canviem de llengua directament, sigui perquè van desapareixent les estructures que no són de la llengua dominant (pensem en els pronoms febles i com molta gent se'ls va menjant, sobretot els «en» i els «hi», que són una de les particularitats més característiques de la sintaxi catalana: «voleu més?», «aneu vosaltres», «tria un», per comptes de «en voleu més?», «aneu-hi vosaltres», «tria'n un») i n'anem incorporant d'altres que no teníem.

CORREGIR O NO CORREGIR, VET AQUÍ UNA QÜESTIÓ

Aprendre una llengua que no és la pròpia és un procés que, en general, es fa més difícil a mesura que ens fem grans. Tots, quan hem après una altra llengua, l'hem hagut de parlar malament per acabar parlant-la bé, si és que això és possible. El concepte occidental de «llengua» ha determinat que saber-ne vol dir parlar-la com un nadiu, tot i que en realitat podem parlar-la a nivells diferents sense deixar d'entendre'ns. S'ha establert un nivell estàndard que sembla que és el que tothom ha de parlar. Tots hem viscut l'experiència, a l'hora d'aprendre una altra llengua, de ser corregits o d'haver provocat reaccions de sorpresa o divertiment, si no de burla o d'incomprensió, amb els nostres errors. Tot això forma part de les relacions humanes i del temperament de cadascú. Hi ha gent que accepta de bon grat les correccions i d'altres que les viuen com una ofensa. Hi ha gent a qui li agrada donar lliçons i no en perd l'oportunitat i d'altres que són més empàtics i deixen fer, segurament amb la confiança que les errades s'aniran corregint com a part del procés d'aprenentatge. I entre aquests extrems segurament hi ha de tot.

El català viu un moment delicat. Té l'oportunitat de guanyar nous parlants en molt poc temps. I els nous parlants són, inevitablement, grans productors d'errors de tota mena. Què cal fer? Doncs, sobretot, tenir en compte les circumstàncies personals de cadascú. No és el mateix corregir una noia que va a classe de català i espera que la corregeixin que corregir aquesta mateixa noia quan és amb la colla d'amics fent una cervesa. Perquè les correccions poden interferir la comunicació, poden ferir i, sobretot, poden desmotivar. Tampoc no és igual fer una correcció en una conversa cara a cara que davant de tot un grup. O fer una correcció quan es parla de què hem fet el cap de setmana que quan es parla de la malaltia d'un familiar. Tot això és més qüestió de sentit comú que d'altra cosa, però entre els catalanoparlants —potser com en totes les llengües— hi ha un sector inquisitorial que tant li fa la circumstància, el context, l'interlocutor o si es tracta d'una interferència o d'una variació dialectal. I aquesta actitud indiscriminada, de mestretites, al català no li va gens bé.

A tots ens agradaria que el català fos una llengua estable en una situació normal, però no és així. I per a molta gent és més fàcil dir que, si li ho han de complicar tant, ja parlaran directament en castellà, que ningú no es preocupa de si ho fan bé o no. Que és injust? Segurament. Però som nosaltres els que ho tenim tot per perdre (o per guanyar), i per això ens cal estar alerta.

Twitter ha proporcionat un espai privilegiat als correctors de tota mena. Ens hi trobem des dels que simplement fan advertiments genèrics fins als que persegueixen sense manies qualsevol infractor que trobin. Més enllà que a Twitter tothom hi fa el que vol i no necessàriament s'ha d'estar qualificat, cal tenir present que és un espai públic en què una simple correcció es pot convertir en motiu d'escarni públic. Twitter és un arbre, diuen, on tot es ramifica i qualsevol pot ser crucificat en el moment més inesperat per haver dit «felicitats» en lloc de «per molts anys» quan el corrector ni era el felicitat ni hi tenia res a veure. Per no parlar de quan es dona el condol... En qualsevol cas, abans de corregir, poseu-vos al lloc de l'altre.

Cal sentit comú, doncs, com també cal tenir en compte que hi ha maneres de corregir més agressives i menys. Una opció, per exemple, és repetir la paraula o frase que l'altra persona ha dit dient-la correctament. Però més enllà de la correcció, com dèiem, la clau és l'ús. És la manera d'acabar parlant i escrivint correctament una llengua. I això és més fàcil de fer si es tenen bons referents: companys, mestres, escriptors, periodistes, traductors, presentadors, influenciadors, etc. Encara tenim molts parlants competents que poden ajudar a revertir la situació actual: tots els qui fan un ús espontani de la llengua. Que no és tan greu que diguis «bocata» si després no et deixes ni un pronom feble i dius que no en queda, de pa, i que de seguida hi aniràs, al forn. Aquesta és la qüestió, mantenir les estructures internes de la llengua, la gramàtica. No durarà gaires anys més, però en algunes qüestions encara hi som a temps. Ara, també hem de ser conscients que els pronoms febles, i tantes altres característiques pròpies del català, es van perdent, fins i tot a l'escola. En aquest sentit, hauríem d'haver tingut en consideració la competència dels mestres des de bon començament. Les facultats de magisteri haurien de ser molt més exigents amb el nivell de llengua dels mestres. I això també vol dir que es valori molt més la feina dels mestres. Cal dignificar aquesta professió. I, en conseqüència, exigir que es faci bé, i la llengua és una part integral d'aquesta feina.

LA FEINA FONAMENTAL DELS TRADUCTORS

De la mateixa manera, hi ha una altra figura, massa sovint ignorada, que és fonamental en la preservació de la diversitat lingüística: el traductor. Els humans, en general, ens hem espavilat sempre per comunicar-nos encara que no compartíssim la llengua, ja fos amb llengües franques, aprofitant la intel·ligibilitat, adaptant el codi al dels veïns o amb tota mena de procediments. Però quan cap dels procediments no funciona, el traductor és qui pot traslladar (la paraula «traducció» en moltes llengües comparteix etimologia amb «traslladar», «traspassar», etc.) els coneixements d'una cultura a una altra. Quan una llengua desapareix, també ho fa el coneixement que només ella vehiculava. I quan no podem accedir a aquest coneixement perquè no en sabem la llengua, el traductor és la garantia que serà a l'abast de tothom. El traductor és qui ens permet conviure sense renunciar a la diversitat.

En el cas del català hem tingut la doble fortuna de sentir la necessitat d'estar connectats amb el món —i això ha generat una gran quantitat de traduccions d'obres en altres llengües al català— i de comptar amb un gran nombre de catalanòfils arreu del món que han volgut donar a conèixer la creació en llengua catalana mitjançant la traducció. Ni una cosa ni una altra no són gaire freqüents, ni tan sols a Europa. Crec que és l'àmbit on es mostra més clarament que el català pot funcionar com qualsevol altra llengua d'aquestes que se suposen més privilegiades. Gràcies a la feina dels traductors tenim accés a obres que no arriben a totes les cultures i també podem projectar-nos sense la intermediació d'altres llengües.

EL CATALÀ NOMÉS POT SOBREVIURE EN UN CONTEXT MULTILINGÜE

Com hem vist, hi ha contextos monolingües en què les llengües sobreviuen si us plau per força, perquè no n'hi ha cap altra a disposició, i com hem dit unes quantes pàgines enrere, una llengua no desapareix si no és substituïda per una altra. Però quan es tracta de sobreviure —i aquest és el nostre cas—, la llengua pròpia ho té més fàcil si és en un context multilingüe que no pas si és l'única llengua subordinada en una societat bilingüe. Per això el català només pot sobreviure en un context multilingüe. Altrament, està condemnat al fracàs.

I com ho fem? Per començar, reconeixent la realitat. Parlem de multilingüisme i a molts els ve al cap el català, el castellà i l'anglès. I no és això ni de bon tros. Quan parlem de multilingüisme ens referim a totes les llengües presents en aquesta societat. El cas més clàssic és el del xinès: hi ha cinquanta mil persones que el saben i el parlen, els l'han transmès de manera espontània. Caldria potenciar aquesta riquesa, perquè és una inversió ja feta. I qui diu el xinès diu qualsevol de les altres llengües que ja formen part de la societat i que ens poden ser útils. Crec que seria un pas important donar valor acadèmic al coneixement d'aquestes llengües, que no deixen de ser una aportació que fan els alumnes a la comunitat educativa. Ara vivim un moment en què tothom vol saber anglès i amb això es pensen que ja ho tenen tot, però l'anglès ja el té tothom, no té valor competitiu perquè ja es dona per descomptat; en canvi, el coneixement d'altres llengües sempre és un valor afegit. I hi ha molts àmbits en els quals aquestes llengües poden fer un servei molt important: la mediació, la justícia, el comerç, la traducció i la interpretació, les relacions internacionals.

Una vegada hem reconegut la realitat i l'hem posada en alça, hi ha una altra condició indispensable perquè el català sobrevisqui, i és comptar amb la solidaritat de tots els altres parlants: dels d'altres llengües minoritàries i també dels de llengües dominants. El futur del català depèn tant dels qui el parlen, i que no cedeixin, com dels qui no el tenen com a llengua, però que cal que s'hi solidaritzin; hi tornarem de seguida amb més deteniment.

Tendim a pensar que el català és una cosa per a nosaltres i prou, de manera que no el compartim i fem totes les concessions, principalment amb el castellà, perquè el sabem. Això ens porta a la condemna. Si no comptem amb tots, no ens en sortirem. I això vol dir tenir la solidaritat de les llengües dominants i, en general, comptar amb tothom que té altres llengües. Si salvem el català, hem de tenir clar que no ho haurem fet pas els qui el tenim com a primera llengua, sinó gràcies als qui han vingut de fora i hi han ajudat, i als parlants de les llengües dominants. A tots els qui han compartit la llengua. Perquè els catalans sols anem cap a l'extinció.

Avui, que tot ens porta a les llengües dominants, com ho és el castellà, parlar català també és una manera de rebel·lar-se. Rebel·lem-nos, doncs: parlem català.

La recepta per salvar el català es pot resumir de la següent manera: ens cal el compromís dels parlants que tenen el català com a llengua primera (un 30 %), la solidaritat dels parlants que tenen el castellà com a llengua primera (un 60 %), i hi hem d'afegir l'esperança que representen avui els qui tenen altres llengües (un 10 %). I perquè uns es comprometin i la resta s'hi solidaritzin cal que tots siguem plenament conscients de què ens hi juguem.

compromís del 30 % +
solidaritat del 60 % + esperança del 10 % =
conscienciació del 100 %

4

Sempre cedim els mateixos

A l'aula hi ha una cinquantena d'alumnes. El professor universitari de torn saluda, dona la benvinguda i es disposa a començar la primera classe del curs. Algú té cap pregunta? I s'alça un braç entre els caps. «Podria fer la classe en castellà?», demana. Diu que és un estudiant d'Erasmus i que no entén el català. I el professor potser li dirà que aquella assignatura estava programada en català i que, sentint-ho molt, l'alumne haurà de canviar de classe. Cosa ben poc freqüent. Més aviat, li dirà que cap problema, naturalment, i encara tindrà la deferència de demanar als altres alumnes si n'hi ha cap que hi tingui cap objecció. En un cas o un altre, segurament l'escena acabarà amb un «cap problema», i l'assignatura es farà tot el semestre en castellà, qui sap si sense que ningú sigui conscient del que acaba de passar, que és que s'han vulnerat els drets lingüístics de la majoria dels estudiants d'aquella aula. El cas és que és una situació força comuna i serveix d'exemple de com, sigui en una aula, o en un comerç, o en una conversa o al metge, sempre cedim els mateixos.

TOT ALLÒ QUE ET POTS PERDRE COM A ERASMUS

El programa Erasmus va ser concebut com una eina d'intercanvi. I no és la llengua una de les eines més importants per fer real aquest intercanvi? Anar a un altre país, viure fora de casa en molts casos per primera vegada, conèixer gent nova, participar en un sistema educatiu diferent, adquirir coneixements que difícilment podries adquirir a casa. Són tants els beneficis d'un programa així que es fa difícil d'entendre com hi renunciem per la supeditació a la llengua de l'imperi. Un alumne català que voldria fer un Erasmus a Portugal diu que no sap si l'acceptaran perquè no té prou nivell d'anglès. Els alumnes catalans es relacionen amb els italians en anglès. Els alumnes Erasmus van a les classes en anglès mentre els autòctons van a les classes en la llengua local, de manera que rarament es troben. Alumnes que han passat cursos sencers als Països Baixos, a Polònia o a Alemanya i tornen sense saber neerlandès, polonès o alemany.

Paradoxalment, els Erasmus s'han convertit en la demostració que, si entres en un mercat saturat, és molt difícil que hi trobis el teu lloc. Quin sentit té marxar de casa si t'han de donar el mateix que et donarien si t'hi quedessis? Quina experiència pots tenir en un país on esperes que et tractin com un estranger perquè no tens cap intenció de comunicar-t'hi en la seva llengua? L'homogeneïtzació lingüística d'Europa en l'àmbit de la ciència ens porta a l'edat mitjana, on el coneixement només s'impartia en llatí. Això excloïa la majoria de la gent: feia segles que ja no es parlava llatí, però les llengües que parlava la gent no eren reconegudes. No va ser fins que es van començar a reconèixer aquestes llengües (va aparèixer la gramàtica de Nebrija, Dante va escriure *De vulgari eloquaentia*) que el coneixement no es va fer permeable. Al mateix temps, es van iniciar les grans colonitzacions i van començar a arribar coneixements (i mercaderies i gent) de llocs diferents del planeta. Va caldre el reconeixement dels vernacles i aquest contacte amb la diversitat que implicaven les grans rutes colonials perquè Europa visqués el seu Renaixement. De moment, encara som en la fase de renúncia i vassallatge. Potser quan ens adonem que, si només podem oferir coneixement subordinat i homologat pels dictats de l'imperi, en realitat no tenim res per oferir, serà el moment de reaccionar. O potser no, i llavors la decadència d'Europa s'acabarà consumant.

Però el més preocupant d'això és la visió tan estreta del coneixement que oferim als nostres alumnes. En lloc d'estimular-los a aventurar-se, a aprendre les llengües dels llocs on van, a viure la vida igual com viu la gent dels llocs d'acollida, els convertim en persones submises i alhora exigents que esperen que tot es faci al seu gust. Com quan aquí algun alumne de fora demana (o exigeix) que la classe es faci en castellà i el professor ho fa. No té importància, deuen pensar, però li estan furtant la possibilitat de viure una experiència inèdita a canvi de donar-li el mateix que trobarà a molts altres llocs.

«PARLO EN CASTELLÀ PER EDUCACIÓ»

Solem posar l'exemple dels estudiants Erasmus per explicar com es vulneren els drets lingüístics dels universitaris catalans cada vegada que en una aula hi ha algú que demana que la classe es faci en castellà perquè ve de fora i no entén el català. Però aquesta situació es repeteix sovint en altres contextos, sense cap institució a la qual exigir empara. A la feina, en un taller de cuina, a la classe de ceràmica, al gimnàs, a les reunions de veïns, etcètera. La pràctica habitual és que els qui no parlen català són els qui demanen que es canviï de llengua. Mentre que els catalanoparlants no reclamen pas que es mantingui la seva llengua. Paradoxalment, saber la llengua de l'altre posa en condicions d'inferioritat la pròpia. Tenim tan interioritzat el comportament de canviar al castellà que ni ens parem a pensar que en tots aquests contextos és perfectament possible parlar en català encara que hi pugui haver algú que no el parli. N'hi ha prou que cadascú es mantingui en la seva llengua, que és entesa per tots els interlocutors, sense forçar ningú a canviar-la. I, fins i tot, si algú no l'entén, també mantenir-s'hi i oferir-se a traduir-ho després a una llengua que entengui. És la manera d'evitar que sempre siguin els mateixos els qui veuen vulnerats els seus drets lingüístics, que sempre siguin els mateixos els qui han de cedir i no poden viure en la seva llengua. I en casos com alguns exemples, també cal despertar la consciència dels formadors: ells ofereixen un servei i, perquè hi hagi una persona que no vulgui rebre'l en català, no poden canviar les condicions del servei a tota la resta.

I encara hi ha una altra qüestió que els catalans d'adopció repeteixen sovint: possiblement aquest algú que encara no entén prou bé el català o no el parla agrairà que li parlin en català, per tal d'aprendre'l i parlar-lo com més aviat millor. Hi ha gent que no ha après mai català perquè ningú no li ha parlat mai en aquesta llengua. Encara que no sigui pas per mala voluntat.

En la darrera Enquesta d'Usos Lingüístics de la Població, es pregunta als enquestats quina llengua els agradaria parlar en el futur. Hi ha un 39,5 % que diu que ambdues, català i castellà; tanmateix, per un 5,2 % que diu que voldria parlar més castellà que no català, hi ha un 17 % que diu que voldria parlar més català que castellà. I per un 8,5 % que diu que voldria parlar només castellà, hi ha un 12,5 % que diu que voldria parlar només català. I una altra dada a tenir en compte: el 68 % de la població nascuda a l'estranger té interès a aprendre català o millorar-ne els coneixements. Què vol dir, això? Que l'interès pel català, principalment dels qui no tenen ni el català ni el castellà com a llengua primera, és un dels punts que tenim a favor. És molt difícil que una cosa així passi en llengües subordinades. Aprofitem-ho, doncs. És allò que dèiem unes ratlles més amunt: de nosaltres depèn que aquestes persones es decantin pel català. No cedim tan fàcilment.

Per què ho fem? Per què els catalanoparlants canviem tan de pressa al castellà i renunciem tan sovint a la llengua pròpia? «No me n'he adonat», diuen molts. «Perquè així segur que m'entén.» «Perquè ja es veu que no m'entendrà en català.» Fins i tot «per educació», argumenten molts. Segur? Per què ens pensem que parlar en la nostra llengua és de ser mal educats? Per què ens pensem que la persona que tenim davant i de qui no en sabem res no entén el català? Per què canviem al castellà com a automatisme? Són molts segles de rebre bastonades.

PREJUDICIS HISTÒRICS: LA MORAL DE L'ESCLAU

Històricament, ens han castigat tant per parlar la nostra llengua que estem programats per cedir, per renunciar-hi de seguida. És un comportament descrit en molts casos de parlants de llengües subordinades. En el cas del català, només cal recordar com les lleis han vetat i perseguit la llengua des del segle XVI, tant a l'Estat francès com a l'espanyol, en un intent prolongat de genocidi lingüístic. Es van emetre ordenances perquè l'ensenyament fos en francès i en espanyol, respectivament, i els alumnes que parlaven en català van rebre càstigs de tota mena al llarg de molts anys, fins ben entrat el segle XX. A les escoles nord-catalanes, quan un mestre sentia un alumne parlant en català li donava una pedra o algun altre objecte amb què quedava assenyalat. El nano havia d'espavilar-se per passar-lo a algun company que també sentís que parlava català, era l'única manera de lliurar-se'n. Perquè qui tenia el senyal al final del dia era castigat. Durant anys, els governadors francesos van aplicar tot de polítiques destinades a fer que la gent sentís vergonya de la pròpia llengua si no era el francès, que se sentís exclosa i humiliada. Encara avui en alguna paret escolar nord-catalana s'hi pot llegir un lema que van fer córrer durant un temps: SIGUEU NETS, PARLEU FRANCÈS. Amb la victòria de Felip V de Borbó, net de Lluís XVI de França, els Decrets de Nova Planta van prohibir l'ús oficial del català als regnes de València i Aragó, a Catalunya, i a Mallorca i Eivissa. I començà aleshores una persecució de la llengua amb l'objectiu de deixar-la relegada a l'àmbit estrictament íntim mentre imposaven arreu el castellà. Una persecució que a l'Estat espanyol va incrementar-se durant la guerra del 1936-1939 i la dictadura franquista. Com? Doncs canviant tots els noms propis (d'institucions, de topònims, d'infants acabats de néixer, etc.) al castellà. Imposant el castellà a les escoles, on el català també havia de ser objecte de càstig i de vergonya, on s'homenatjava la bandera espanyola i es cantava el *Cara al sol*, on s'expulsaven els mestres que no combregaven amb la idea franquista de la unitat espanyola, on es vetaven llibres en català. Es van prohibir les representacions de teatre en català, es va prohibir la publicació de llibres en català, i de diaris i revistes. En definitiva, la llengua pròpia va desaparèixer de l'esfera cultural pública, va ser perseguida. La resistència treballava en la clandestinitat, i molts intel·lectuals van optar per anar-se'n a l'exili. Podríem continuar pàgines i pàgines. Tots aquests segles de persecució lingüística, els tenim a la retina.

Ara també cal afegir-hi, d'una banda, l'ús polític que s'ha fet aquests darrers anys d'un suposat conflicte lingüístic i els atacs constants al català per part d'algunes formacions polítiques. I, d'una altra banda, els centenars de casos de discriminació lingüística recollits arreu dels Països Catalans, en què l'Administració no acostuma a fer-hi res ni la societat posem el crit al cel ni ens n'estranyem. Tot això també fa que molts catalanoparlants optin, ja d'entrada, per no fer servir la seva llengua. Per evitar el conflicte.

Una manera d'explicar aquest comportament de cedir d'entrada és el de la llengua marcada i la no marcada. Què vull dir? La llengua no marcada és la llengua que, en principi, no et portarà problemes. En el nostre cas, el castellà. I la marcada és la que et connota. En el nostre cas, el català. I, és clar, si no et vols buscar problemes, fas servir la llengua no marcada. En situacions de poder, en què necessites alguna cosa, sigui en una botiga, en un taulell, etc., prefereixes evitar els problemes, perquè tu vols aconseguir aquella cosa i prou. Per tant, cedeixes. Has entrat mai en un jutjat? En quina llengua hi has parlat? Segurament en castellà, oi? T'has demanat per què? Precisament, perquè el català és la llengua marcada, es percep com a imposada, és l'estranya. És aquesta percepció que s'ha de canviar. No només pel català, sinó també per totes les llengües amenaçades. Insistim-hi: s'han de crear les condicions perquè la gent opti pel català.

Aquest és un dels àmbits en què l'Administració sí que pot actuar, i hauria d'actuar si assumís la responsabilitat que té. Hi ha moltes feines de cara al públic —principalment públiques però també de privades— que demanen coneixements de català, però a l'hora de la veritat el treballador de torn no sempre en sap, de català. I, quan no en sap, no passa res. Aquest és el problema: que no passa res. Senzillament, es tracta de fer complir la llei. Hi ha molta gent que s'ha acostumat que pot fer-te canviar de llengua i troba normal i exigible que sigui així, perquè no passa res.

Potser ja ha arribat l'hora de fer girar la truita. I aquest petit llibre vol contribuir-hi.

5

Posa't en el meu lloc

UN DIA A LA VIDA D'UN PARLANT

Tens uns quaranta anys i vas al metge, a un centre de salut mental infantil del Servei Català de la Salut, amb el teu fill de vuit anys, que necessita atenció mèdica. I la metgessa que t'atén et diu que no entén la teva llengua i que al centre ningú no l'entén, que no tenen cap obligació de saber-la (cosa que és falsa i contravé la normativa). I tu i el teu fill, que necessita atenció mèdica i només té vuit anys, no podeu expressar-vos en la vostra llengua al vostre poble perquè no us entenen.

Ets advocat i demanes al magistrat del jutjat de torn que tradueixi la interlocutòria al català, tal com obliga la Carta europea de les llengües regionals i minoritàries. Però el jutge, de manera arbitrària i vulnerant la llei, et diu que no, que no hi està obligat i que no pensa traduir a la teva llengua un document que forma part d'un procés judicial en un territori on la teva llengua és oficial.

Entres en una estació de tren i t'acostes a la taquilla per demanar per quina via passa el tren que va a Girona. I la persona de l'altra banda del mostrador, que treballa en una feina d'atenció al públic en un organisme gestionat pel Govern, t'etziba que no t'entén i t'exigeix de manera agressiva que li parlis en la seva llengua.

Vas al metge per fer un seguiment del teu embaràs i el ginecòleg, en sentir-te parlar, et diu que no t'entén i que si no li parles en la seva llengua no t'atendrà. Tot i el teu dret de parlar en una de les llengües oficials i ser resposta en la mateixa llengua. El metge insisteix que tens l'obligació de parlar en la seva llengua, t'acusa de prepotent, i tu, per no perdre la visita i tenir l'ecografia que esperaves, et sents forçada a cedir i continuar la visita, una visita delicada com aquesta, tot i la tensió evident.

T'has quedat vídua i Hisenda no et tramita la pensió de viudetat per la llengua en què s'ha escrit el certificat de defunció. Una de les llengües oficials del lloc on vius. La teva llengua.

Viatges amb el teu net en tren i el revisor us demana els bitllets. El nen no en té, busques monedes per pagar el preu corresponent i, quan les has aplegades, el revisor et diu de males maneres que no, que us té mania per parlar la llengua que parleu, fa aturar el tren i us en fa baixar, «pels meus collons».

Tens vuitanta anys, truques al 112 perquè no et trobes bé, i comences a explicar els símptomes al metge que hi ha a l'altra banda del telèfon. Però el metge et diu que no t'entén i que li parlis en la llengua que sí que entén. Però no et trobes bé i en aquest moment només saps expressar-te en la teva llengua. L'ambulància triga més de mitja hora a arribar perquè la persona que ara t'atén per telèfon, que és una altra, tampoc no t'entén i no sap desxifrar la numeració del teu document d'identitat.

Ets en un restaurant. Demanes el menú, però el cambrer et diu que no t'entén, que parlis en la seva llengua, perquè tens l'obligació de saber-la. Mires de fer-te entendre repetint a poc a poc el que has dit, que és poca cosa més que esmentar dos plats d'una carta d'un restaurant. El cambrer insisteix que aquí on vius tens l'obligació de parlar la seva llengua i que ell no en té cap, d'entendre la teva. Tot i que és mentida i, novament, torna a vulnerar-se la llei. T'aixeques i te'n vas.

Tots aquests són casos reals i són tan sols un petit recull dels centenars de casos de discriminació lingüística denunciats aquests darrers anys. Tot això passa cada dia.

«QUÈ ET COSTA PARLAR EN CASTELLÀ?»

«Què et costa parlar en castellà?», insten al catalanoparlant que no acaba de veure clar per què ha de canviar de llengua. I potser davant aquesta pregunta reacciona amb resignació: ben mirat, no em costa res, oi?, tinc la sort de saber castellà, per tant, no compliquem les coses. Però potser aquesta no és la resposta més precisa a la pregunta.

Que què em costa parlar en castellà?

Em costa que sempre soc jo qui ha de renunciar a la meva llengua.

Em costa que, fent-ho, cedeixo a l'imperialisme lingüístic.

Em costa que trenco amb tot allò que m'han transmès.

Em costa que cada vegada que NO parlo en català, porto la llengua cap a un camí de no-retorn.

I per tot això necessito que tu, que m'incites a renunciar a la meva llengua i pretens que parli en una altra, també ho vegis i t'hi solidaritzis perquè, plegats, puguem restablir l'equilibri ecolingüístic. Cal que et posis en el meu lloc perquè entenguis què hi ha en joc i t'afegeixis al compromís. Sense tu, no ens en sortirem pas.

LA SOLIDARITAT DELS CASTELLANOPARLANTS

Hi ha molta gent, moltíssima, que va arribar a Catalunya cap als anys seixanta provinent de llocs diversos de l'Estat espanyol i que va adoptar el català i després l'ha transmès als seus fills. Per què ho van fer? No podem pensar que la seva motivació fos la millora socioeconòmica, perquè aleshores no ho era per a ningú. La motivació era la solidaritat o, si ho voleu, la convivència, encara que en uns casos fos explícita i en uns altres no. Això costava més en les zones on es van crear guetos, perquè l'accés al català era molt més difícil. Però jo soc de Masquefa, un poble que aquells anys tenia poc més de mil habitants, i puc recordar com els meus amics i els meus veïns que havien vingut de diferents llocs d'Espanya parlaven en català. Hi ha una cosa que és evident: si el català és on és ara, és gràcies a tota aquesta gent, perquè si haguessin pensat que el català era una cosa «de catalans» que no tenia res a veure amb ells, ara estaríem molt pitjor. Segurament, si nosaltres parléssim en català amb tothom, trobaríem la mateixa resposta, però el cas és que no ho fem. Aquesta és la manera més clara d'apel·lar a la solidaritat. Ja sabem que alguns no canviaran, però aquests són una minoria. A la resta, a la majoria, és a qui em dirigeixo: per tenir futur, el català necessita la vostra solidaritat.

Expliquem-ho més. Hem parlat de la pèrdua de diversitat lingüística, especialment en els darrers decennis. Si hem arribat fins aquí, és perquè hi ha hagut algunes llengües que s'han imposat en determinats territoris i han fet que reculés l'ús de les llengües locals. És a dir, no hi ha hagut solidaritat i hi ha hagut negació de l'altre. Si volem revitalitzar el patrimoni lingüístic mundial, és evident que cal refer el camí en sentit invers. Això es tradueix en la solidaritat i en el reconeixement de l'altre com a igual, és a dir, amb els mateixos drets. El màxim que es pot fer és adquirir la llengua i transmetre-la; el mínim és reconèixer-la, respectar-la.

Tots sabem que no és fàcil adquirir una nova llengua i ferla servir —a partir de certa edat, si més no—, però sí que podem ser respectuosos amb els altres. No ens equivoquem: no és de mala educació parlar la nostra llengua, és de mala educació demanar als altres que no parlin la seva. Per tant, en el nivell més senzill de la solidaritat hi ha l'actitud de no obstaculitzar l'ús de la llengua que està en recessió. Aprendre algunes paraules i fer-les servir (com ara les salutacions i els agraïments, per exemple) és una manera de mostrar aquest reconeixement i alhora obrir la porta perquè el parlant de la llengua recessiva no canviï de llengua. Més endavant, es poden incorporar frases fetes i expressions pròpies de la llengua recessiva. I, d'aquesta manera, de mica en mica, es poden anar ampliant els àmbits d'ús fins a arribar a un ús habitual de la llengua.

El cas més extrem de solidaritat que conec és el d'un lingüista dels Estats Units, Ken Hale, que, tot i tenir l'anglès com a llengua, va transmetre una llengua australiana als seus fills i ara un d'aquests fills és un activista de la llengua.

Sigui com vulgui, l'única manera de restablir l'equilibri ecolingüístic és la col·laboració dels parlants de llengües dominants. I ells ho han de saber. Per això el català necessita la solidaritat i la col·laboració dels castellanoparlants.

REPLANTAR EL CATALÀ DES DEL CASTELLÀ

En unes jornades del GELA sobre replantar el català des del castellà, es van recollir i explicar unes quantes biografies lingüístiques. Gent castellanoparlant que havia contribuït a aquesta replantació del català i que explicava com ho havia fet i per què.

Puri Pinto, autora del llibre *Amb Q de formatge*, explicava que era filla d'extremenys i que tenia el castellà com a llengua materna. Va adoptar el català quan va entrar a la universitat. I es definia així: catalanoparlant d'adopció. Explicava què era això de l'adopció lingüística: «Establir amb la llengua adoptada una relació afectiva, personal. Ser conscient que parlant-la es fa alguna cosa més que parlar-la i prou: fer-la viure. És un enriquiment, adoptar una llengua, i el parlant hi estableix el mateix grau d'afecte que amb la seva primera llengua». Pinto lamentava que hi havia molta gent que parlava en català, però molt poca que el mantenia davant de persones que, justament, necessitaven trobar interlocutors amb aptituds per tal de familiaritzar-s'hi i anar-lo aprenent. «El català té molts practicants, però pocs creients.»

Carmen Pérez, asturiana que havia arribat a Barcelona per estudiar a la universitat, recordava els comentaris habituals de la gent del seu voltant en un moment en què ella s'esforçava per aprendre català i parlar-lo. «Per no ser d'aquí, el parles prou bé, eh?», «No se't nota, que no ets catalana», «Tranquil·la, no cal que t'hi esforcis, ja et parlo en castellà». Aquesta avaluació constant, aquesta actitud a voltes paternalista feta des de tota la bona fe del món que es vulgui, no és sinó un problema perquè els potencials parlants es deixin anar i facin seu el català. Bàsicament, els ho estem impedint.

Què li havia aportat el català, a la Carmen? Tot, deia ella. La parella amb qui vivia, que no l'hauria coneguda si no hagués après català i l'hagués parlat. La feina, perquè no faria docència si no sabés català. Totes les amistats que havia fet gràcies a voler aprendre la llengua i també al seu activisme lingüístic. Tot un enriquiment cultural i d'oci. El català li havia obert tot de camins que quan no el parlava no era conscient que fossin tancats. «Perquè a Catalunya es pot viure plenament en castellà, aquesta és la realitat. Per això no ets conscient de totes les portes que tens tancades. El problema és quan proves de viure plenament en català.»

«LA QÜESTIÓ ÉS COMUNICAR-SE, TANT HI FA EN QUINA LLENGUA»

Si la llengua fos només un sistema de comunicació, funcionaria de manera molt diferent. Una de les grans preguntes de la lingüística és per què, tenint un sistema tan eficaç com la llengua per comunicar-nos, li restem eficàcia diversificant-lo. Totes les llengües canvien i totes tendeixen a la diversificació. Per què? Les hipòtesis sempre van relacionades amb la identitat: al principi de la humanitat, hi ha qui explica la identitat com una necessitat de supervivència. En un moment en què aconseguir recursos era difícil, un havia de saber quantes persones en depenien per repartir-los bé. La manera de saber de qui s'havia de fer càrrec era la llengua: els meus són els qui parlen com jo.

Hi ha una gran quantitat d'exemples que constaten que la llengua va molt més enllà de ser una simple eina de comunicació i està vinculada al benestar d'una societat, fins i tot a la seva supervivència. En l'estudi *Llengües en perill d'extinció: a la recerca d'un model integral de recerca i revitalització* (2016), els seus autors, Justyna Olko i Tomasz Wicherkiewicz, ho expressaven així de contundents: «La revitalització i l'ús de la llengua materna mitjançant el desenvolupament individual no estan relacionats estretament només amb el benestar psicològic i amb una autoestima més alta, sinó també amb els índexs de salut. A més, investigacions recents han demostrat una forta correlació entre la pèrdua de la llengua, el deteriorament de la salut indígena, símptomes relacionats amb l'estrès posttraumàtic i taxes elevades de suïcidi. I millorar els índexs de salut també té conseqüències econòmiques».[1] Uns índexs de suïcidi que són força més alts en pobles indígenes que han vist com la seva forma de vida i la seva cultura eren destruïdes de sobte i que afecten especialment franges d'edat molt joves, fins i tot menors de quinze anys.

Quan s'extermina una llengua, es causa depressió a la comunitat que l'ha perduda, i la depressió fa que les persones deixin de tenir cura de si mateixes. El lingüista Ghil'ad Zuckermann fa molts anys que estudia la revitalització de les llengües i ha observat que en les comunitats aborígens d'Austràlia on s'han recuperat les llengües ancestrals hi ha hagut una millora de la salut física i mental. Que han baixat els índexs de suïcidi, d'alcoholisme i de diabetis.

Un altre exemple del vincle entre llengua i benestar el trobem en la història que explica la cançó *Morir a Ravensbrück*, de Marina Rossell. La peça va néixer a partir del llibre *Els catalans als camps nazis*, de Montserrat Roig: hi explica que Carme Bartolí, originària del Pirineu, agonitzava al camp de

1. Olko, Justyna; Wicherkiewicz, Tomasz (2016). «Endangered Languages: in Search of a Comprehensive Model for Research and Revitalization». A: Justyna Olko, Tomasz Wicherkiewicz; Robert Borges (ed.). *Integral Strategies for Language Revitalization*. Varsòvia: Universitat de Varsòvia, p. 649-676.

concentració de Ravensbrück i que una companya seva lleidatana, Coloma Serés, s'hi va acostar, arriscant la vida, perquè Carme Bartolí morís als braços d'algú que parlava la seva llengua materna. Perquè pogués morir acomboiada per la llengua amb què havia nascut.

RENUNCIA A LA LLENGUA I SERÀS MÉS CONTROLABLE

Cap poble no hi ha guanyat mai res pel fet d'abandonar la seva llengua. En canvi, molts hi han perdut enormement pel fet d'haver-la abandonada. Si podem aprendre cap experiència dels altres, en la perspectiva de tot el món, aquesta és la primera. Quan desapareix una llengua, no desapareix només un mitjà de comunicació. Desapareix una forma de coneixement, una manera alternativa d'explicar la realitat. En alguns casos, com hem vist, fins i tot, la llengua va lligada a la supervivència de la comunitat. L'ecolingüista Peter Mühlhäusler explicava el cas d'una comunitat del Pacífic amb una llengua que tenia un sistema de còmput del temps que indicava quan podien anar a pescar. La llengua va desaparèixer i, de retop, es va perdre aquest sistema, de manera que els membres de la comunitat van començar a pescar quan els semblava, cosa que era més sovint del que tocava. Això va portar ràpidament a la sobreexplotació de recursos i, en conseqüència, a la fam de la comunitat. És el cas més clar que conec de supervivència de la comunitat lligada a la supervivència de la llengua, però no és pas l'únic.

Qualsevol llengua que desapareix ens furta possibilitats

d'elecció. Només això ja és prou important. Pensem en les possibilitats d'intercanvi que representen les llengües. Si no hi ha diversitat, no hi ha intercanvi. I és això el que garanteix la vida de l'espècie. La diversificació de les llengües fa possible trobar maneres alternatives de dir les coses, de fer-les, fa possibles les maneres de coneixement diferent.

Cada vegada que optem per una llengua dominant en la comunicació, com que entrem en un mercat saturat, tenim menys possibilitats d'arribar a la gent, perquè hi ha tantíssima oferta, en aquest mercat, que és molt difícil d'arribar a tothom. En canvi, si tenim un mercat més proper, les coses que fem, si valen la pena, arribaran a tothom.

Per què un escriptor català hauria de voler escriure en castellà o en anglès? És evident que li és molt més fàcil arribar als seus lectors si escriu en català, el mercat del qual és més petit i més pròxim, que no pas si escriu en castellà, que abasta un mercat immens i saturat i en què és molt més probable que aquest escriptor passi desapercebut perquè no és sinó una gota en un oceà.

Un dia, vaig demanar als alumnes quants grups catalans que cantessin en anglès recordaven. Ningú en va recordar cap! Quins cantants d'Eurovisió recordaven? Aquells que s'havien diferenciat d'alguna manera, com Conchita Wurst. No recordaven ni els qui havien guanyat si cantaven en anglès. Si el mercat està saturat, és molt difícil fer-s'hi un lloc.

Això, traslladat a la ciència, vol dir que hi ha molt coneixement que es perd perquè no ho llegeix ningú, perquè no hi ha possibilitat material de llegir la quantitat de documents que es publiquen en anglès. I això va en detriment de la creativitat. El monolingüisme fa que la ciència només funcioni d'una manera, cosa que és una limitació. De fet, a Europa es comença a notar que perdem pistonada per aquesta raó. Tots hem de funcionar en una mateixa llengua, i això també vol dir que creem un coneixement que no és genuí, perquè no el creem en la nostra llengua. I passa que només tenim dues opcions: o bé actuem com a vassalls dels Estats Units, que volen que la ciència sigui així per controlar-la ells, o bé ens en quedem fora.

Hi ha la pressió de publicar en anglès i en unes determinades revistes, sense entendre que si algú té alguna cosa a dir, trobarà qui l'escolti. Sigui en la llengua que sigui. És més, en la llengua pròpia sabrà matisar molt millor, de manera que podrà anar més lluny que no pas si adopta una altra llengua. Preocupem-nos de crear allò que tenim possibilitats de crear i no de sotmetre'ns a allò que ens imposen els altres; si allò que diem val la pena, ja es traduirà.

A escala econòmica, és evident que a les grans empreses i a les multinacionals els interessa que desapareguin les llengües, perquè això ens fa més controlables. Si volem que ens controlin, renunciem a la llengua i els ho posarem més fàcil. Per exemple: a la llista dels cent llibres més influents del segle XXI del diari *The Guardian*, només hi ha catorze traduccions. Vuitanta-sis llibres escrits en anglès contra catorze en altres llengües. Això vol dir que un parlant anglès gairebé només accedeix a allò que es publica originalment en anglès, i no té accés a una gran part del coneixement del món perquè la seva llengua el limita. Aquí rau el problema. Una llengua dominant, d'entrada, et bloca l'accés a maneres alternatives de fer. I això és una limitació per als seus parlants. També ho veiem a la universitat, on l'Erasmus, que va ser pensat per ser una font de coneixement i intercanvi, s'ha convertit en una força més de l'imperialisme: ha aconseguit que tothom es comuniqui en anglès, i els estudiants que van a altres països no n'aprenen les llengües.

Un altre exemple el trobem a la literatura africana. Els autors africans que opten per la llengua colonial han liquidat la literatura africana. Durant la colonització, i després també, eren gent que volien triomfar a la metròpoli, i per això escrivien en anglès. Però als països africans, en anglès, no els llegia ningú. A «La llibreria imprevista de Nairobi» (*Tafanejar. Llibreries del món*), Y. A. Owor explica: «La secció que solia ocupar la col·lecció d'escriptors africans de la Heinemann ha estat conquerida per una nova onada d'escriptors que escriuen sobre Àfrica: Selasi, Mengiste, Lalami, Baingana, Adichie, Cole, Wainaina, Omtita, Mda, Wrong i Gurnah, entre d'altres».[2] No hi ha autors africans, hi ha autors que escriuen en anglès sobre Àfrica. I això ens pot passar a tots: que si abandonem les llengües, acabaran parlant de nosaltres, però nosaltres ja no tindrem res a dir.

Reduir el nombre de llengües i acabar parlant tots la mateixa és empobrir-nos, és deixar perdre una gran quantitat de coneixement i de creativitat, és fer-nos més controlables.

2. Hitchings, Henry (ed.) (2017). *Tafanejar. Llibreries del món*. Més Llibres, p. 132-133.

6

L'esperança del 10%

Abans ho deia, per primera vegada a Catalunya hi ha un 10% de la població que no té ni el català ni el castellà com a llengua primera. Aquest 10% de la població és un horitzó que ens permet de canviar la dinàmica de les llengües i passar pàgina d'una vegada a aquesta història del bilingüisme. Són persones a qui, *a priori*, els és igual tant el català com el castellà. I, a curt termini, dona molts més beneficis aprendre el català que no pas el castellà. Només cal que ho demaneu a qui tingueu més a la vora: el català és la llengua que et permet inserir-te més fàcilment en la societat. Participar, liderar, actuar com a representant de la pròpia comunitat. Crec que hi ha exemples prou clars: el conseller Chakir El Homrani, l'escriptora Najat El Hachmi, l'analista de dades Joe Brew, l'actor Andrew Tarbet, l'activista Simona Levi, per esmentar alguns casos coneguts. També hi ha portaveus de sindicats, líders veïnals i socials... Gent vinguda de fora que ha incorporat el català i ha ascendit socialment. En trobaríeu d'equivalents que no parlessin català?

Aquest percentatge, que com deia ha començat a difuminar la pressió del castellà sobre el català —que no vol dir que no deixi d'exercir-la—, fa de coixí, des del punt de vista percentual. Si ara depenguéssim només dels catalanoparlants, no pararíem de baixar. De fet, segons com fem les coses, el català continuarà minvant. Però el fet que hi hagi aquesta petita massa de població neutral pel que fa a la llengua pot contribuir a sumar. Tenint en compte que el castellà ronda el 52% d'ús habitual, tenim un marge per remuntar. I aquí, evidentment, compto també que els parlants de castellà facin aquest pas. Hi insisteixo: sense la solidaritat dels parlants de llengües dominants, no ens en sortirem. Només cal que reaccionem d'una vegada i actuem en conseqüència.

La recepta inevitable perquè el català pervisqui és: parlar-lo. I si ho diem, hem de ser-ne conseqüents i fer-ho. No n'hi ha prou de dir que hem de parlar en català, sinó que ho hem de posar en pràctica a cada moment. Perquè a vegades, amb el nostre comportament lingüístic, desmentim aquesta idea.

En un projecte de recerca, el GELA vam recollir casos de gent nouvinguda que s'havia vist reflectida en la situació lingüística d'aquí i per aquesta raó no tan sols havia fet seu el català, sinó que a més havia recuperat la llengua minoritzada del seu lloc d'origen. Un exemple és el cas de Lilia Khabibullina, una noia tàtara a qui a casa li havien transmès el rus. Els avis havien estat els darrers de la família a parlar el tàtar de Crimea. Un cop aquí, i havent conegut la situació de la llengua, s'hi va veure emmirallada i, a més de català, es va posar a aprendre tàtar. Tal com ella deia: «Com més català parlo, més tàtara soc». Aquesta és una de les coses més bones del català, que pot crear aquest efecte solidari, de reciprocitat. N'hi ha uns quants, de casos així. Com el de peruans que han començat a aprendre quítxua i a recuperar-lo. Recordo, ja fa molts anys, el president d'una associació argentina que deia que era més fàcil aprendre quítxua a Barcelona que a Buenos Aires.

Que el català sigui la llengua de convivència té aquest efecte de reciprocitat.

En aquest punt, potser cal aclarir que hi ha catalanoparlants que pressuposen que és difícil que els llatinoamericans parlin català perquè ja arriben sabent castellà. Jo crec que això és un tòpic. Que jo sàpiga, no hi ha cap estudi que ho demostri i, en canvi, sí que hi ha molts contraexemples. Sense anar més lluny, l'associació No Em Canviïs la Llengua l'ha fundada una peruana, Rosario Palomino. Però si ells es troben que els catalanoparlants els neguen la llengua, és probable que acabin pensant que això no és cosa seva. I aquí hi ha un vessant perillós: molts són parlants de llengües d'Amèrica que no són les colonials, però estan acostumats que els estigmatitzin per la llengua i, sovint, les amaguen. Quan vam començar el nostre inventari de llengües, ens trobàvem molts cops que si demanàvem a persones d'origen hispanoamericà directament si parlaven quítxua o guaraní, per exemple, de seguida es posaven en guàrdia. Per això vam acostumar-nos a demanar-los si, a més del castellà o el portuguès, parlaven alguna altra llengua. I és així com van aflorar les llengües ameríndies. Molts han après a valorar la seva llengua aquí i, fins i tot, molts als quals ja no se'ls havia transmès han començat a estudiar-la.

No em cansaré de recordar-ho: a vegades passa que hi ha qui cedeix per evitar el conflicte. Però per quin motiu has de cedir tu i no l'altre? Si l'altre t'entén, no has de cedir pas. A més, en general, fer això, dirigir-t'hi en català, acostuma a donar més satisfaccions que no pas disgustos. La gent que fa l'esforç d'aprendre català ho agraeix, que li parlin en català. Aprendre català acostuma a ser una experiència gratificant. Els testimonis parlen, sobretot, de com millora la convivència, i com creixen les possibilitats de fer noves relacions i de participar en la societat. Hem demanat a persones originàries de diversos punts del món què els ha aportat el fet d'aprendre català. Vet aquí una petita tria de les seves respostes:

Virgínia Unamuno, originària de l'Argentina:
Una tarda era a la facultat. Acabava d'arribar de l'Argentina i ningú no m'havia dit que les classes del doctorat serien en català. La meva primera sensació va ser de no entendre res. De pànic. De mal de panxa. Just al meu costat hi havia una noia molt prima i baixeta, amb unes ulleres grosses i un somriure immens. Mentre el professor explicava ja no recordo què, ella va moure la cadira per acostar-se'm i traduir-me el que es deia a classe. Aquella noia, la Txell, va ser la meva millor amiga, i un temps després va ser un dels motius més importants per decidir-me a parlar en català: era la seva llengua estimada i jo l'estimava a ella.

Durant molt de temps, no vaig parlar català, si bé deia a tothom que m'hi parlés. «Si us plau, no parlo català, però el puc entendre si em parles a poc a poc.» Aquella frase era motiu de rialla per a més d'una persona. Però ara que hi penso, recordo quan vaig fer el salt... Quan vaig començar a parlar català.

Era un migdia. A la Universitat Autònoma de Barcelona. Em vaig trobar Joan Pujolar, que era un noi molt seriós. I en Joan va parlar en català sense immutar-se davant el meu argentí. Recordo que jo feia un esforç particular per subratllar els sons argentins típics perquè en Joan notés que no era espanyola, però ell va continuar parlant i parlant i parlant. Sempre havia volgut dir «déu-n'hi-do». M'encantava aquesta expressió, però encara no havia trobat el moment de fer-la servir. En Joan va acabar el seu relat i jo vaig dir «déu-n'hi-do». Ell em va somriure i jo vaig sentir-me molt bé.

Després ja no recordo com va ser. Vaig continuar deixant anar expressions, paraules, frases. Després, a poc a poc, vaig sentir que ja estava preparada per parlar: des d'aleshores, vaig adoptar el català com a llengua habitual. Fins i tot ara, que visc a deu mil quilòmetres de Catalunya, el català és la llengua que he triat per parlar amb les meves filles, i amb el meu gos, que, per cert, es diu Nano. I el Nano parla català (o almenys això sembla).

Què em va donar el català, doncs? Em va permetre sentir-me part de coses meravelloses; d'amics, de família, de lluites, de festes, etc. Em va fer sentir la terra d'una altra manera. Els boscos, els llacs, els camins, les carreteres, els racons a les ciutats. Perquè ja no jugava de visitant, sinó de local, com dirien els futbolers. I aquesta terra que envoltava la meva quotidianitat era també una mica meva.

En català també vaig conèixer el pare de les meves filles, i sempre hem parlat en català, perquè per a ell parlar en català sempre ha estat més important que per a mi parlar en castellà. I en català, encara avui, ens diem les coses més dures i les més dolces.

Un dia vaig decidir estudiar català formalment. I vaig aprendre no sé quantes frases fetes amb «mà». Amb «peu». Amb «cap». I vaig fer llistes de barbarismes que mai no vaig oblidar. Un dia, el meu sogre, assegut a la sala de casa seva a Berga, em va dir: «Tu, noia, sí que parles bé el català. Dius "bústia" en lloc de "buzón"»... I vam començar a riure. El català em va regalar la complicitat de gent que m'estimo.

L'altre dia, quan feia una conferència a la Universitat de Córdoba, a l'Argentina, vaig explicar que el meu treball i el meu compromís amb la diversitat lingüística m'havia regalat moltes coses boniques, i particularment m'havia fet ser qui soc. I això també ho dec al català. Perquè la Virgínia d'ara no hauria existit sense l'accent que porta a la «i», i amb el qual em sento molt feliç.

Saoka Kingolo, originari del Congo:
Vaig néixer en una família de poliglots per tots dos costats. Dels dotze germans i germanes que som, no tots han tingut facilitats ni tan sols per tenir un bon nivell d'anglès com a segona llengua escolar. Una altra circumstància és que la llengua que compartíem a casa amb els pares ja no era la primera d'ells, atès que tots dos eren persones immigrades dins el mateix continent, entre Angola i la República Democràtica del

Congo (RDC), i havien d'aprendre la llengua del país d'acollida tot i que són comunitats lingüístiques germanes. Els mateixos pares eren d'alguna manera poliglots induïts, també. Amb aquestes premisses vaig arribar a Catalunya amb una llarga escala a Angola, on ja vaig haver d'aprendre el portuguès. I el portuguès i el francès, que és la primera llengua oficial de la RDC, totes dues d'arrel llatina, em van facilitar força la feina d'aprendre el català. Aprendre llengües és una decisió racional, amb la convicció plena que les llengües aporten una riquesa cultural tant personal com compartida. Llengua per llengua, jo vaig optar per aprendre primer el català i després el castellà, però no va ser fàcil, per les pressions del meu entorn més proper, que evocava raons pragmàtiques de caire laboral i social. I vet aquí que en la meva arribada a Barcelona sempre m'havia mogut en un entorn de catalanoparlants. Com diria Ngugi wa Thiong'o, la llengua és l'arma més potent de la colonització, i jo sense afany de colonitzar sempre he tingut molt clar que l'arma més potent que necessitava per situar-me al mateix nivell de poder (pacífic) que els autòctons era precisament la seva llengua, fent-la meva. D'un dia per l'altre, vaig insistir a la xicota catalana que tenia en aquella època que féssim un canvi radical i ens parléssim en català. En el meu procés d'immersió a la comunitat lingüística catalana hi ha hagut també moments crítics. Per exemple, durant una època vaig sentir-me objecte de rèdit per parlar català, i em va sorgir una mena de fòbia envers aquesta llengua, sort que va ser efímera.

Paolo Roseano, originari del Friül:
Quan vaig arribar per primera vegada a Barcelona, el 6 de gener de 2005, no sabia ni una paraula de català. Dos anys després, vaig aprovar l'examen de nivell D. Sé que gràcies al fet d'haver après el català vaig poder viure la meva ciutat, Barcelona, de manera completa, i no pas com un expatriat que no surt de la seva bombolla distorsionada i artificial. Gràcies al català, vaig poder-me integrar socialment i laboralment (no podria fer la feina que faig —i que m'encanta— si no parlés català). Així que quan em pregunten per què vaig decidir estudiar català, puc donar moltes respostes: perquè em semblava lògic, perquè em semblava just, perquè em semblava interessant, perquè em semblava útil... Els estrangers que decidim viure a Barcelona aprenem el català per motius diferents, que van des de la curiositat intel·lectual abstracta fins a les finalitats més terrenals que es puguin imaginar. De raons, de fet, n'hi ha moltes, moltíssimes. Tantes com forasters hi ha, que en som molts. Convèncer-nos que aprendre el català, per la raó que sigui, és important és un aspecte crucial de qualsevol política lingüística. Si a curt termini la llengua catalana no es guanya els barcelonins de primera generació com jo, el català perd Barcelona. I si perd Barcelona, a la llarga es perd tot.

Saim, originari d'Austràlia:
Aprendre el català ha estat una experiència molt enriquidora, i ho continua sent malgrat que ja no visqui a Catalunya i no el parli cada dia. No només em va permetre entendre la

política local (vaig començar a aprendre català l'any 2012, em va animar molt el fet de poder llegir els diaris en català i seguir de prop els esdeveniments quan les coses canviaven a un ritme tan ràpid), gaudir més plenament de les lletres de cançons increïbles i riure amb el *Polònia* i l'*APM*, sinó que vaig fer amics amb els quals encara parlo en català, si més no per programes de missatgeria instantània. Recordo que, quan poc després d'arribar a Catalunya expressava l'entusiasme que sentia pel món cultural catalanoparlant que tot just començava a descobrir, molta gent em va recomanar que em concentrés a millorar el meu castellà, que era una llengua més «útil», que es parlava en una vasta zona del continent americà (un continent que encara no he visitat, tot i que no descarto anar-hi en un futur). Vist amb perspectiva, no me'n penedeixo gens, d'haver fet l'esforç inicial d'immergir-me en el món catalanoparlant. Òbviament, cada llengua per si sola aporta enriquiment cultural, però el català també m'ha servit com a porta a la Romània, tot facilitant-me l'aprenentatge d'altres llengües romàniques, cosa que crec que hauria estat molt més difícil només amb el castellà. A més a més, com que vaig créixer amb bastanta confusió identitària (pel fet de ser membre d'una minoria «visible», és a dir racial, i fill d'immigrants de dos països diferents), acostar-me a una cultura minoritzada em va ajudar a reflexionar sobre la meva identitat nacional i acceptar ser membre «parcial» de més d'una cultura: de la dominant del país on vaig créixer, de les dels pares, i ara la catalanoparlant.

Gagandeep Singh, originari del Panjab:
Vaig néixer al Panjab i fa dotze anys que visc a Catalunya. El català per a mi no és només una llengua: més aviat, és un sentiment. Quan parlo el català, no només el parlo, sinó que el sento. El mèrit d'haver après el català no és meu, sinó que és dels catalans, que m'han animat molt a aprendre'l. El català per a mi ha estat la clau que m'ha obert totes les portes. Quan parlo en català, a la gent li fa molta il·lusió sentir que un noi amb turbant el parla. Alguns fins i tot me'n donen les gràcies, m'abracen i em fan petons. Només per parlar aquesta llengua em respecten molt. He viscut en molts països europeus, però en cap d'ells no m'he sentit tan estimat com a Catalunya.

M'agradaria que la gent que arribeu a Catalunya aprenguéssiu a parlar català. Us animo que el comenceu a parlar una mica. Després, ja us ajudaran els catalans. Si parleu la seva llengua us respectaran i us valoraran moltíssim. Siguem d'on siguem, aprendre la llengua del país és molt important, ja sigui per buscar feina o per relacionar-se amb la gent. Si algú no sap la llengua, és com si fos una persona muda; en canvi, si la parles, la gent t'agafa confiança de seguida. La llengua és un pont per acostar les cultures.

Les llengües no són només per comunicar-se, sinó que també s'identifiquen amb un territori. Catalunya és casa meva i em sento català i, per tant, parlo en català. La llengua catalana m'identifica com a català. La llengua és comunicació però també és identitat i, com a panjabi i sikh que soc, sé de què parlo.

Evaristo Oko Kongwe, originari de Guinea Equatorial:
L'any 1976 vaig arribar per primera vegada a Espanya i em vaig instal·lar a Catalunya. Havia estat més d'un any exiliat al Camerun, país veí, fugint de l'infern del meu país, Guinea Equatorial, que estava sota el domini i l'hegemonia de la primera dictadura ètnica de Francisco Macías Nguema i els seus. Vaig deixar enrere el país, que havia estat colonitzat per Espanya i que el 12 d'octubre de 1968 es va sumar a la llista dels nous països estrenats com a independents a l'Àfrica.

Quan em vaig instal·lar a Barcelona per acabar primer el COU i més tard prosseguir els estudis a la Universitat Autònoma de Barcelona, només feia cinc mesos que havia mort el dictador Francisco Franco. Al llarg dels meus anys d'estudiant de batxillerat al meu país, estàvem obligats a estudiar exclusivament geografia i història d'Espanya (a més de la seva literatura), i la *llengua* i la *cultura ndowe* i altres de prohibides i restringides a l'àmbit familiar a la Guinea espanyola; de Catalunya, a més de les seves quatre províncies, rius, comarques, etc., em va sorprendre saber que el *catalá* era la llengua pròpia de Catalunya. El català, encara que vaig notar que es parlava als carrers, no va ser sinó a la Universitat que vaig tenir l'oportunitat d'aprendre'l, en una època especialment reivindicativa dels drets històrics de Catalunya i la seva llengua, un cop va morir Franco i la instauració de la democràcia a Espanya.

En conseqüència, els mestres i tot el cos de professors que s'estaven formant a Catalunya estaven cridats i obligats a preparar-se per conèixer i dominar la llengua de Catalunya, la seva història, cultura...; capacitar-los per ensenyar el català i en català. Per a mi, també va ser una aposta personal a la qual em vaig sumar, tot sabent que no seria gaire fàcil, per l'alt nivell d'exigència de la llengua en la formació dels docents. En aquesta aposta meva, tenia el consol que l'assignatura de català també fos un os dur per als alumnes i companys catalanoparlants. Evocar avui aquests moments amb el pas del temps i la perspectiva de la situació actual ha estat una experiència molt positiva que m'omple d'una enorme satisfacció. Des de llavors, la meva vida professional ha estat lligada durant molts anys a l'ensenyament, i a Catalunya, on he viscut i treballat.

No vaig assolir només el domini de la llengua catalana en tots els nivells, sinó que per a mi també va ser una oportunitat per aprendre una part molt important de la seva història, cultura, costums, etc.; la qual cosa m'ha permès conèixer, entendre i comprendre la realitat del poble i la societat catalans. Acostar-me a la seva realitat també m'ha permès descobrir que entre el poble de Catalunya i el poble ndowe existeixen molts aspectes històrics comuns, salvant les distàncies geogràfiques que els separen, és clar.

Marcos Muñiz, originari d'Astúries:
Tot i que la meua llengua materna és el castellà, d'adolescent vaig aprendre asturià per raons de militància política, i ara la considere la meua llengua. L'asturià no és oficial i no vaig tenir oportunitat d'estudiar-lo a l'escola. Vaig decidir aprendre català quan vivia a València, per coherència, perquè no podem deixar morir les llengües minoritàries i minoritzades.

Aprendre català m'ha aportat, sobretot, compromís amb els Països Catalans, la meua terra d'acollida, però també aprendre a estimar la seua cultura, les seues tradicions i la seua gent, que també les considere meues. Convidaria totes les persones nouvingudes a aprendre català i sobretot a conviure-hi, perquè només fent-la servir és com es pot mantenir viva una llengua. Com deia Ovidi Montllor: «Hi ha a qui no li agrada que es parle, s'escriga o es pense en català; és la mateixa gent a qui no li agrada que es parle, s'escriga o es pense».

Michael Atwood Mason, originari dels Estats Units:
El 2017, Raimon va organitzar dotze concerts de comiat al Palau de la Música Catalana. Eren esdeveniments espectaculars amb l'artista en forma fina i un palau ple cada nit per honorar el seu llegat, desitjar-li bé i escoltar la seva actuació inimitable una última vegada. En un d'aquests concerts, vaig tenir l'honor de lliurar-li un premi per celebrar la seva trajectòria artística del Centre de Tradicions Populars i Patrimoni Cultural de la Smithsonian Institution, on soc director. De peu sobre l'escenari sagrat, cegat pels focus i mirant cap a la immensa foscor, vaig fer els meus primers comentaris públics en català. Vaig començar demanant disculpes pel fet de no poder adreçar-me a la multitud en català durant tota la presentació i reconèixer la gran estima que tinc per la llengua catalana. En un instant, la foscor es va omplir amb un aplaudiment tremolós i, amb tota franquesa, em va sorprendre aquesta sortida de gratitud per un parell de frases.

L'endemà vaig començar a estudiar català seriosament.

Ara dirigeixo reunions, faig entrevistes a mitjans de comunicació, imparteixo conferències i publico ocasionalment articles en aquest idioma meravellós.

Parlar català s'ha demostrat ser exòtic i desafiant. Hi ha sons que són difícils de trobar en altres idiomes i que encara són més difícils de dominar per a un parlant no nadiu. Un amic em va donar una lliçó d'una hora de com pronunciar les dues eles mentre conduíem pel Vallès. M'encanta poder pronunciar noms com en Mallol Codony, l'Eulàlia Reguant i en Joan Amades i Gelats.

Ara paraules com «Llobregat», «jonqueres», «caldre» i «escalivar» em proporcionen molt de plaer, perquè no tenen traducció fàcil. A mi em fascinen les diferències entre les paraules «torrent», «rec» i «riera», perquè es tradueixen totes iguals en anglès. M'agraden frases com «em sap greu», «no em fa res», «sol com un mussol», i «déu-n'hi-do». Amb cada paraula i frase, sembla que entenc una mica més sobre com els catalans veuen el món.

Em sembla que hi ha més variació en la pronunciació i la gramàtica que en qualsevol altra llengua que conec. És en David o el David? Bé, poden ser tots dos. Hauria de ser l'Hotel d'en Puig o bé s'Hotel des Puig? La meva germana o ma germana? Bé, qualsevol pot ser correcte.

Com a parlant no nadiu, de vegades em fa vergonya. Fa poc vaig intentar improvisar mentre feia un discurs, i vaig cometre un error en dir «reconeixo» en lloc de «reconec». En una conversa apassionada sobre el patrimoni cultural, vaig parlar com un nen, dient «molíssim» en lloc de «moltíssim». Em reconforto perquè la llengua és un repte per a molts catalans. Una amiga meva jove, d'uns vint anys, no fa pas gaire va investigar una paraula per a mi, mentre m'explicava com li agrada el servei en línia Optimot, que proporciona consulta lingüística per als curiosos.

La tradició literària ha aportat profunditat i subtilesa a la meva estima per la llengua. No puc sentir la paraula «quadern» sense pensar en la prosa descriptiva de Josep Pla i en la de Quim Torra. O el quadern literari de catorze papallones que Iolanda Batallé utilitza per explorar la generositat, tendresa i saviesa de les dones fortes. No puc sentir la paraula «desig» sense pensar en Manuel Forcano i la dedicació dels Imparables a la precisió i la llibertat d'una poesia moderna. No puc pensar en la selva sense que em vinguin imatges d'*Els nois* de Toni Sala.

Per descomptat, aprendre català també encaixa amb la meva tasca professional. Els etnògrafs sempre hem d'aprendre l'idioma de les comunitats on treballem, ja que s'entén que és una part clau del desenvolupament de la comprensió cultural. A més, la major part dels meus esforços professionals s'han dedicat a mantenir la diversitat lingüística i cultural del món. Si bé els governs del món van minvar el llenguatge com a aspecte del patrimoni cultural quan van signar la Convenció per a la Salvaguarda del Patrimoni Cultural Immaterial de la UNESCO del 2003, l'enfocament de la Smithsonian a la sostenibilitat cultural reconeix que la llengua és un element clau del patrimoni, juntament amb el lloc, la història i les expressions culturals vives. De fet, recentment hem completat un estudi de cinc anys, «Sostenir les llengües minoritzades a Europa», en què hem explorat com sis comunitats del continent han treballat per revitalitzar les seves llengües com a aspecte clau de la identitat i el patrimoni locals. Després d'haver estat anys treballant per donar suport a les llengües minoritzades d'arreu del món, també volia afirmar de forma inequívoca que en parlo una. El català ha estat minoritzat durant segles i, com els centenars de milers de persones que el parlen cada dia, vull ajudar a sostenir aquest bell idioma.

La tardor del 2019 vaig fer una conferència en català a la Universitat Autònoma de Barcelona. Malgrat un parell de moments incòmodes en què les paraules castellanes em venien al cap més ràpidament que les catalanes, les cent persones van ser molt pacients amb mi. Després de la meva xerrada, mentre era al passadís tumultuós de fora de la sala de conferències, una jove se'm va acostar. Simplement em va donar les gràcies per haver fet la meva presentació en català. Va continuar explicant-me que, com jo, no era de Catalunya i, com jo, creia que era imprescindible parlar la llengua per participar en la vida de la comunitat. I per això parlo català.

Alae Achhab, originari del Marroc:
Quan tenia setze anys vaig fer un intercanvi amb Recursos d'Animació Intercultural (RAI), i va ser quan vaig conèixer Barcelona. Abans de venir-hi, ja tenia un interès especial per Catalunya, en primer lloc per la seva llengua i, després, per la seva cultura i per la política. L'intercanvi, de quinze dies a l'estiu, va coincidir amb les protestes contra la Llei d'estran-

geria, el tancament a l'església de Sant Pau... Això em va marcar, em vaig sentir identificat amb els moviments de protesta ciutadana, i també em vaig adonar que a Catalunya podria ser fàcilment allò que volgués. Fossin quins fossin els meus principis i la meva ideologia, aquí trobaria el meu espai.

Així va ser com, a Tànger, vaig acabar fent un intercanvi lingüístic entre dàrija —la meva primera llengua— i català. Per això puc dir que no vaig venir aquí sense parlar gens ni mica la llengua. Uns anys després d'aquell intercanvi, vaig decidir venir a Barcelona per estudiar una carrera, em va costar un any i mig preparar papers, convalidar els estudis i fer les proves d'accés a la universitat (PAU) per la UNED. Vaig estudiar Enginyeria Informàtica a la UAB. A partir d'ací, va començar la meva aventura catalana.

Milena Zoppeddu, originària d'Itàlia:
Vaig arribar a Barcelona fa tretze anys, un 11 de setembre. Aquella mateixa tardor, vaig començar un curs gratuït de català al Consorci per la Normalització Lingüística. Tenia molta curiositat i ganes d'aprendre la llengua. Ho veia com el primer pas per conèixer la ciutat i entendre el país on havia vingut a viure. Tot i haver començat amb molt d'entusiasme, el vaig perdre aviat, perquè quan sortia al carrer no podia experimentar amb el meu català. Tothom em parlava en castellà de seguida que s'adonava que era estrangera.

No vaig reprendre el català fins passats cinc anys, quan vaig decidir de quedar-me a viure aquí definitivament. Per a mi, aprendre català era clau per sentir-me a gust i integrada.

Aquesta vegada va ser diferent, perquè ja estava familiaritzada amb la llengua. Vaig poder gaudir del curs i l'aprenentatge i també em vaig llançar a parlar català al carrer amb més determinació. Tot i això, encara avui em costa mantenir converses en català perquè molta gent, quan sent el meu accent, canvia al castellà. Sé que es pensen que és un gest de deferència, però el que fan és aconseguir que jo parli menys en català i tingui menys oportunitats de millorar-lo.

Francesco Ardolino, originari d'Itàlia:
Un altre exemple és el testimoni de l'italià Francesco Ardolino, professor de la Universitat de Barcelona. Tot i haver viscut a Catalunya un temps, va ser a Roma on va aprendre català:

En un concert del 1979, el cantautor lígur Fabrizio De André presentava una cançó que havia escrit en gal·lurès dient que «viure quatre anys a Sardenya significava, com a mínim, aprendre'n el dialecte». Sí, deia «dialecte». Potser volia dir «aquell dialecte del sard»... O potser no (no havia llegit Gramsci?), però la lletra l'havia escrita ell —i parlava en gallurès. I jo, ara, podria dir que, després d'haver viscut un temps a Catalunya (quant?, un mes, un any, la meitat de la meva vida?), com a mínim hauria hagut d'aprendre'n la llengua. Però no seria veritat. L'any 1987, quan ja feia un parell d'anys que estudiava castellà, vaig ser cinc dies a Barcelona, a casa d'una família catalanoparlant. Una vegada tornat a Roma, vaig anar a la Universitat, i al passadís del Departament de Filologia Romànica em vaig sorprendre en veure un despatx amb una placa on hi deia LINGUA E LETTERATURA CATALANA. Van passar pocs segons i en va sortir la lectora. Parlava sense aturar-se i em va portar al bar. L'endemà, sense saber ben bé com ni per què, em vaig trobar dins una aula davant del *Digui, digui* i amb un llibre de Pere Calders a les mans. El català el vaig aprendre a Roma. Què significa viure a Catalunya més de la meitat de la teva vida sense aprendre'n la llengua? «Descolonitzar la ment», digué Ngugi wa Thiong'o.

Finalment em vaig doctorar en Filologia Catalana per la Universitat de Barcelona i avui soc professor en aquesta universitat.

Com veiem, la trista realitat és que es pot viure a Catalunya sense saber català.

7

Et preocupa el medi ambient, però tant te fa el futur de les llengües. Com pot ser?

De la mateixa manera que la biodiversitat és necessària per a la supervivència del planeta, també la diversitat lingüística és un valor que cal preservar. Ara que ja ho hem vist clar, és qüestió d'actuar en conseqüència. Ho hem comprovat amb el moviment ecologista i el feminista: s'han aconseguit molts canvis de comportament. En el cas de les llengües, hem de fer igual. Tenim una responsabilitat. Fer que la llengua tingui futur depèn de nosaltres, no ens ho resoldrà ningú.

Segons l'última Enquesta d'Usos Lingüístic de la Població, avui dia sabem més català però el fem servir menys. Aquest és un símptoma clar de llengua en procés d'extinció. I insisteixo en una dada que ens ha de fer alertar: en el cas dels catalanoparlants inicials, és a dir, els qui han après a parlar amb el català, la gent gran parla menys català que no fa uns anys, i la gent jove el parla menys que els seus pares i avis quan eren joves. Sí, això és una llengua en procés d'extinció.

La llista de llengües mortes al segle XX és llarga com un dia sense pa, i la dels vint primers anys del segle XXI ja comença a fer-se feixuga, també. Un rere un altre, en algun racó de món, es mor algú que s'emporta la llengua a la tomba. Els testimonis dels darrers parlants acostumen a transmetre dolor, perquè ningú no deixa de parlar una llengua per voluntat pròpia. I, com ja hem vist, una llengua ja és morta abans que se'n mori el darrer parlant. Això vol dir que els assistents al funeral d'una llengua, aquests darrers parlants, no deixen de ser, alhora, els botxins d'aquesta llengua. Són ells mateixos els qui un dia van deixar de transmetre-la.

A la Patagònia, Dora Manchado, darrera parlant del tehuelche.

A Dakota del Nord, Edwin Benson, darrer parlant del mandan.

A Queensland, Tommy George, darrer parlant del gugu thaypan.

A Washington, Charlie Mungula, darrer parlant de l'amurdag.

A Califòrnia, Archie Thompson, darrer parlant del yurok.

A Oregon, Gladys Thompson, darrera parlant de l'alt chinook.

A Taiwan, Pan Jin-yu, darrer parlant de pazeh.

A les Illes Andaman, Boa Sr., darrer parlant de l'aka-bo.

A Alaska, Marie Smith Jones, darrera parlant de l'eyak.

A Delawere, Edward Thompson, darrer parlant de l'unami.

Tots ells, morts a començament dels anys 2000. I és tan sols una minsíssima mostra de tot el coneixement perdut i totes les maneres de relacionar-se amb el món que han desaparegut.

ELS JOVES SÓN EL FUTUR: ON ÉS EL SEU CATALÀ?

Avui ho hauríem de tenir tot de cara, teòricament: la llengua té estatus oficial, l'escolarització és en català, tenim mitjans en català, es publiquen muntanyes de llibres en català... Però, en canvi, paradoxalment, el fem servir molt menys. Per què? Perquè avui estem molt més familiaritzats amb el castellà, sobretot els joves. A les xarxes socials, els esplais, els videojocs, les plataformes digitals, tota la varietat de canals de televisió, etc. En l'entreteniment predomina, amb diferència, el castellà. I cada vegada és més freqüent trobar-se casos de nens que, malgrat que són catalanoparlants, parlen en castellà amb els amics. En aquest cas, no podem fer-los prendre consciència, és clar; la consciència l'hem de tenir nosaltres per tal de crear-los un món en què el català sigui la llengua natural. Hem de trobar la manera de revertir aquesta tendència, perquè els joves són el futur.

L'última generació que ha tingut referents culturals en català és la de *Bola de Drac*. Cal que ara trobem productes en català que atrapin els joves al marge de la llengua. Videojocs, sèries de televisió, jocs, pel·lícules, plataformes digitals, xarxes socials, grups de música... Cal que hi hagi plataformes que apostin per una oferta en català. I que la gent la demani i la consumeixi. Si l'oci dels joves és en castellà, el seu món referencial serà en castellà. Més enllà del factor econòmic, que pot ser important, hi ha d'haver una pressió social. Si tantes empreses a internet han acabat cedint —com ara

Google, Twitter, etc.— ha estat per pressió. I en aquest camp tenim un avantatge, que és que el català hi és molt més present que no pertocaria en proporció amb la població. La comunitat catalana a internet és molt activa i ho té clar. El cas de la Viquipèdia és un exemple claríssim: els seus companys internacionals els anomenen The Catalan Army! Aprofitem aquesta empenta. També calen youtubers i instagramers en català, perquè són els referents dels joves d'avui. L'àmbit més urgent per treballar em sembla el de l'audiovisual. La cultura audiovisual es vehicula en grans llengües i això transmet el missatge que, si vols arribar a molta gent, has de fer servir una llengua amb molts parlants. Però, com ja he dit, això només és cert en part perquè, en general, quan optes per una llengua amb molts parlants, com el castellà, entres en un mercat saturat on és gairebé impossible fer-se sentir. Tens moltes més oportunitats de fer-te un lloc si ho fas en català.

Fa molts anys que dic que, si tot el que es va invertir en immersió s'hagués invertit en esport i esplai, no hauríem arribat fins aquí. Si ho deia, és perquè el lleure és un entorn que afavoreix l'ús espontani de la llengua i això cada cop és més difícil en el cas dels joves. Els esplais són un àmbit que sembla impossible de concebre en una altra llengua que no sigui el català: el lèxic de les activitats, les cançons, les regles de funcionament. I també són una gran eina de socialització i potser és això el que se'ns ha girat en contra, en el sentit que, quan l'ús de la llengua es relaxa, quan hi ha la percepció que la llengua ja està salvada, els usos lingüístics a l'esplai comencen a canviar igual que han canviat en tants altres àmbits. Recordo, ja fa força anys, que una alumna meva que era monitora m'ho explicava, em retratava perfectament el moment en què havia començat a canviar la llengua al seu esplai i no li semblava cap anomalia. Ho he vist en molts esplais. Si no se n'ha fet cap estudi, valdria la pena fer-lo. A vegades aquestes pèrdues petites no ens alarmen, però després passa que ens acabem trobant amb àmbits que ja són molt difícils de recuperar. Aquestes pèrdues es donen en cultures molt diverses, la llengua colonial porta a canviar la llengua de l'oci i, quan te n'adones, ja no hi ha res a fer. Molts autors africans descriuen aquest procés d'aculturació quan escriuen obres autobiogràfiques.

També ho vam poder percebre amb la campanya del Nadal passat «Volem un Baltasar de debò». N'hi ha prou que el rei negre sigui negre? Hem de tenir en compte que la festa dels Reis de l'Orient és una de les que més marquen la nostra memòria, que els nens, necessàriament molt petits, parlen amb els reis i que els reis són reis, és a dir, parlen totes les llengües, això forma part de la màgia. Però més d'un nen s'ha trobat amb un rei que no parlava la seva llengua. I això sí que es pot preveure, potser que ho comencem a tenir en compte i que aconseguim totes dues coses: que el rei Baltasar sigui negre de debò i que els nens puguin parlar amb els Reis de l'Orient en català, que una cosa no vagi en detriment de l'altra, perquè no ha de ser necessàriament així.

Si us importa el futur del planeta i és per això que actueu per salvar la biodiversitat, també hauríeu d'actuar per salvar les llengües. Començant per la que teniu més a la vora, el futur de la qual és a les vostres mans. Ens ho hem d'exigir, com a societat conscient que no vol perdre la llengua. I si no la volem perdre, hem d'assumir que cal actuar.

8

Que el català sigui la llengua de convivència

LA CLAU DE VOLTA: LA CONSCIENCIACIÓ

Un dia vaig interpel·lar un amic, feia temps que cada vegada que el sentia parlar em demanava: per què parla en castellà amb companys de feina que entenen i parlen el català amb altra gent, davant seu i tot? I aquell dia que finalment li ho vaig demanar, va respondre, simplement: «No ho sé». Tan curta, la resposta, i tantes coses que explica! Tenim el català en perill per falta de consciència. De casos com aquests, n'hem vist molts. Més enllà de les raons, que poden ser diverses i les hem analitzades, centrem-nos en les solucions.

Consciència. És la clau de volta. Recuperar aquesta consciència, entendre com n'és, d'important, parlar en català en totes les circumstàncies, també quan ens pensem que l'interlocutor no ens entendrà. Parlar en castellà d'entrada redueix en bona part el nombre de converses que podrien fer-se en català. I una llengua que no es parla, ja sabem quin futur li espera.

Una circumstància que repeteixen la majoria dels testimonis que han adoptat el català com a llengua és que no sempre els és fàcil parlar-lo perquè tot sovint es troben que els catalanoparlants mateixos s'hi dirigeixen en castellà. En aquest sentit, l'any 2019 va néixer una campanya que és de les més importants dels darrers temps, sobretot perquè no sorgeix de cap institució sinó dels catalans d'adopció mateixos: No Em Canviïs la Llengua. La impulsora, Rosario Palomino, explica així què li ha aportat aprendre català i quina és la raó de ser d'aquesta campanya:

> Vaig arribar a Catalunya amb divuit anys i ara, amb quaranta-vuit, em considero catalana nascuda al Perú. Em sento profundament afortunada de formar part d'aquesta bella cultura, d'aquesta antiga nació, per aquesta raó em sento corresponsable de la seva protecció i per això intento tenir cura de la llengua que ens uneix, que ens iguala i que ens agermana.
>
> Quan vius a Catalunya descobreixes que és una terra d'acollida, que els autòctons t'obren els braços perquè en formis part i aportis el teu granet de sorra a la diversitat, que configura una manera de fer i de ser. Quan coneixes Catalunya l'estimes, i quan l'estimes la respectes i la defenses, ets conscient del tresor valuós del qual formes part i que no vols que desaparegui. Per això vaig decidir posar en marxa la campanya No Em Canviïs la Llengua. Quan has rebut respecte i afecte, necessites ser recíproc, vols donar allò rebut.
>
> La nostra llengua és la columna vertebral de la nació catalana, fa inexistent les barreres entre autòctons i nouvinguts, així com també entre els mateixos nouvinguts: una peruana

i una romanesa s'agermanen a partir de la llengua catalana.

I tota aquesta diversitat ens enriqueix i fa que entre tots (nouvinguts i autòctons) construïm una societat més tolerant, on l'univers de significats sigui percebut com una riquesa i que amb la diversitat ens continuem percebent com un sol poble.

Gent arribada d'arreu, establerta a Catalunya de fa més temps o menys, que sap català, l'entén, el parla, o que el vol aprendre perquè sap tots els beneficis que li aportarà entendre'l i parlar-lo, i com més aviat millor, que demana a catalanoparlants que, si us plau, els parlin en català. Què més hauria de caldre, per fer-ne cas? El problema principal és amb els catalanoparlants mateixos. I entre catalanoparlants, també. Però això també vol dir que la solució depèn, en primer lloc, dels catalanoparlants. De tu, de nosaltres. Només és qüestió de ficar la clau al pany.

DEPÈN DE TU

Pensem un moment en les persones que fan l'esforç d'aprendre el català. I resulta que el problema que es troben és que no les corresponem. Imaginem-nos que anem a Alemanya perquè volem aprendre'n la llengua i allà la gent ens parla constantment en anglès perquè pensa que així ens ho farà més fàcil. No ens farà cap favor, és evident. Això, ho fem aquí els catalanoparlants de manera generalitzada, impedir que qui ho intenta aprengui el català. Si parleu amb qualsevol amic, conegut o saludat que tingui el català com a llengua d'adopció, molts us explicaran experiències similars. Ho hem vist unes pàgines abans amb el recull de testimonis, com a petita mostra d'una situació ben quotidiana.

Hi torno, com la cançó de l'enfadós, però és la pedra a la sabata més grossa que tenim. Una situació ben quotidiana i que qualsevol ciutadà ha experimentat: dirigir-se en castellà a algú desconegut perquè dona per fet que no entén el català. Una situació que parteix d'un prejudici, que és aquesta suposició que el desconegut no entén el català, i encara menys que el parla, i que sí que entén i parla el castellà, que per alguna cosa és la llengua no marcada, com hem estat veient, la llengua que evita possibles problemes. Moltes vegades, aquestes suposicions van lligades al fet de jutjar l'interlocutor pel seu aspecte, el qual fa pressuposar que és nouvingut i que hi hem de parlar en castellà. Si ens demanem el perquè, afloraran els prejudicis i les discriminacions d'aquests comportaments autòmats. I aquesta actitud de bandejar la llengua subordinada i recórrer a la dominant, que és el castellà, comença a ser freqüent també entre catalanoparlants mateixos.

Fiquem-nos-ho al cap: si nosaltres no fem que la llengua es parli, no ho farà ningú.

A L'ESCOLA I ALS INSTITUTS, ENS CREIEM LA IMMERSIÓ?

Va ser als anys vuitanta quan es va començar a desenvolupar el programa d'immersió lingüística a les escoles catalanes. I s'ha convertit en un referent, en un exemple d'èxit, diuen. Fins que, fa uns anys, els partits Ciutadans i PP no van començar a atacar-lo, ningú no l'havia posat en dubte. Acusaven el Govern i les escoles d'imposar el català, d'arraconar el castellà, si no directament d'adoctrinar. L'exministre espanyol José Ignacio Wert ho va verbalitzar sense complexos: «El nostre objectiu és espanyolitzar els nens catalans». Però lluny del fals dibuix que han pintat aquests partits, al qual darrerament fins i tot s'hi ha sumat el PSC trencant el consens històric sobre la qüestió, la realitat és una altra de ben diferent. Passa que ningú no té el valor de dir que la immersió ha fracassat. I als qui ens hem atrevit a advertir-ho, no ens han volgut fer cas. Només ara sembla que comença a obrir-se alguna escletxa, algun ull, perquè l'evidència ja és massa clara per continuar-la amagant. Mentre tothom aplaudia el suposat èxit d'aquest model, les aules de les escoles del país reflectien més aviat un fracàs, del qual ningú no vol fer-se responsable.

Val la pena recordar que el programa d'immersió lingüística és pensat per a aquells entorns on el català NO és la llengua habitual. Perquè un dels objectius de la immersió, a més d'aprendre la llengua, és que els alumnes puguin fer tot l'ensenyament sense problemes amb el català com a llengua vehicular. Aquests programes d'immersió es desenvolupen, sobretot, a primària. Però què passa quan s'arriba a secundària, que és l'àmbit on s'haurien de fer efectius els resultats de la immersió? Que el sistema va passar-ho per alt i ningú no es va preocupar de garantir que, efectivament, la llengua vehicular de l'ensenyament secundari fos el català. Tot allò que s'havia guanyat amb la immersió a primària es perdia en pocs mesos als instituts.

On queda el català, si la llengua dominant en tots els àmbits és el castellà, fins i tot en l'ensenyament? Se suposa que la llengua vehicular de l'ensenyament és el català, aquest és l'èxit de la immersió, oi? Però això, a secundària, en un percentatge molt alt, no és cert. I ningú no fa res per revertir-ho. Els uns, perquè no hi veuen cap problema, perquè neguen la realitat, i els altres, perquè els sembla que no és cosa seva. I el problema es va enquistant. En l'ensenyament passa com en altres àmbits, que s'ha fiat la qüestió a la Direcció General de Política Lingüística, i tots els altres departaments de l'Administració se n'han rentat les mans. Però la llengua, si no la salvem la gent, no la salvarà ningú.

Conec una noia guaraní que parla català a les filles. Li vaig demanar per què no els parlava en guaraní, que així, a més, podrien parlar amb la seva àvia. Perquè a l'escola ho fan tot en castellà, els parlo en català perquè l'aprenguin, va respondre. N'hi ha prou de passejar-se pels instituts per saber quina és la realitat lingüística, per saber que massa sovint el català NO n'és la llengua vehicular. De mica en mica van apareixent més veus, de professors i de pares, que ho denuncien i es va trencant el tabú que ha estat durant tants anys dir la veritat sobre el suposat èxit de la immersió lingüística. Potser ha arribat l'hora que ens la creguem d'una vegada, fem complir la llei i posem les eines necessàries perquè sigui realment efectiva. Si ho volem, amb unes polítiques ben encaminades, l'objectiu és perfectament assolible: més difícil semblava deixar de fumar, i només cal veure com s'ha reduït el tabaquisme en la societat des que es van aprovar les primeres lleis que el regulaven.

Per què no passa res quan es fan classes en castellà? Si tinguéssim clar que la llengua vehicular dels centres educatius és el català, tindríem molt de guanyat. Però passa que a les aules hi ha una gran permissivitat, i el català no s'ha imposat mai, és a dir, no s'ha fet complir la llei. S'actua per inèrcia, és el comportament majoritari de la societat: si algú parla en castellà, es respon en castellà en comptes de mantenir-se en el català. Però a l'escola això hauria de ser diferent. Si sempre es respongués en català als alumnes, encara que aquests parlessin en castellà, s'aconseguiria fer aquest canvi a la inversa. És això, la immersió.

I aquesta és una recepta que serveix per a la majoria de les situacions.

PERIODISTES: PARLEU SEMPRE EN CATALÀ I ACOSTUMEU-NOS A LES CONVERSES EN MÉS D'UNA LLENGUA

Ho veiem massa sovint als mitjans de comunicació catalans: quan un convidat de torn parla en castellà, el conductor del programa (i fins i tot els altres convidats) deixa de banda el català i s'adapta al castellà. S'hi fa anar aquest comportament amb molta facilitat, cada vegada amb més freqüència. Però si als mitjans de comunicació catalans no es parla català, on se'n parlarà?

Com a membres d'aquesta societat, si consumim un mitjà català, esperem que els continguts ens els ofereixin en català. Encara que hi participi algú que no parla català: si aquest algú entén el català, no s'ha de canviar pas de llengua. I, sobretot, no ens creguem el discurs de l'hostilitat. Si als mitjans fos més habitual mantenir converses bilingües, la gent també les viuria amb més naturalitat i això ajudaria a canviar la dinàmica de passar al castellà des del començament.

La recepta més bàsica i senzilla és aquesta: sigueu professionals i coherents, feu l'exercici de mantenir-vos en el català. Si l'altra persona us entén en català (i per poc que s'hi posi, l'entendrà), encara que no el parli, mantingueu-vos en el català.

EL CATALÀ AL METGE: EM VULL MORIR EN LA MEVA LLENGUA

Un dia vaig rebre una carta d'una infermera d'urgències d'un hospital important de Barcelona. M'explicava que es jubilava i que els companys li havien dit: ara que te'n vas, ningú no parlarà català.

És una situació cada vegada més comuna, lamentablement: n'hi ha que no poden morir-se en català. I ja hem vist com n'és, de dolorós, això. Qui ho té en compte? Si a l'hospital no t'atenen en català i te'n queixes, la percepció que hi ha és que és cosa de la Direcció General de Política Lingüística i ningú no assumeix el problema. Hem delegat la responsabilitat de la llengua i ara passa que no tenim ni arguments, perquè és cosa seva. El fet que hi hagi un ens que s'ocupa de la llengua crea un miratge i fa que la majoria se'n desentengui. És una circumstància que compartim amb altres llengües. Ens pensem que, com que ja s'hi inverteixen diners, és impossible que el català desaparegui. Però fiquem-nos-ho al cap: ni les inversions són gaires ni per més inversions que hi hagi, si la gent no parla la llengua, no hi ha res a fer.

Els centres mèdics poden requerir coneixements de català, però si després el personal no en té, resulta que no passa res. Vet aquí el problema. Per què els drets lingüístics dels uns no es respecten com es fa amb els dels altres? Hi ha qui argumenta que la qüestió important és que sigui un bon metge i no que parli català. Però arribats aquí, qüestionem-nos si una cosa no va lligada amb l'altra. Molts metges han après català perquè ho consideren una cosa inherent a un bon servei. Ser un bon metge també és parlar en català al pacient.

Hem vist casos massa flagrants. Denúncies a metges que s'han negat a atendre pacients perquè no parlaven castellà. Cal anar a l'arrel i posar-nos a treballar des del començament, perquè una vegada la dinàmica ja està feta és molt més difícil aturar-la, com hem vist als instituts de secundària. I ara ens referíem als casos més extrems. Als que apareixen als diaris perquè els pacients denuncien que els han vulnerat els drets lingüístics. Però als diaris no apareixen totes les experiències més subtils i quotidianes: trobar-se amb un metge que et parla en castellà o que et diu que no t'entén i tu cedeixes sense qüestionar-ho, potser fins i tot sense donar-hi importància.

Potser no en som conscients, però és una qüestió importantíssima. D'entrada, el fet de ser pacient ja ens situa en una posició d'inferioritat: l'altra persona és qui ens ha de curar. Normalment, si estem preocupats per qüestions de salut, la tendència natural és d'expressar-nos en la nostra primera llengua, perquè és com ho sentim. Encara que estiguem capacitats per explicar-ho en una altra llengua. D'altra banda, hi ha una qüestió pràctica: que el metge entengui què li vol dir el pacient. I encara una altra que no pot passar per alt: la llengua també forma part de la curació. Perquè la llengua és precisió, intimitat, la llengua és una part d'un mateix, i amb el metge comparteixes allò que és més personal, la salut i els temors. També és un dels drames i un esforç dur per als migrants, haver d'adaptar-se a la llengua del lloc on van, i és per humanitat, també, que hi ha serveis de traducció als pacients nouvinguts. Però anem on anàvem: som els catalanoparlants els qui cada dia ens fan adaptar a la llengua espanyola de tants metges als quals ningú no requereix que entenguin ni parlin català. A la Conselleria prevalen altres criteris i urgències. Com deia, si el català només és cosa de la Direcció General de Política Lingüística, no avançarem.

La solució en aquest cas caldria que arribés potenciada per totes bandes: ho haurien de fer les direccions dels hospitals, els col·legis de metges i tothom que hi estigués implicat. Els metges tracten amb persones, amb una situació específica, i han de saber com fer-ho bé. Vet aquí una proposta: una campanya específica de formació dirigida als metges. De la mateixa manera que aprenem a identificar símptomes, hem de saber com tractar els pacients i hem de saber la llengua del país. Com a mínim, aquesta llengua. El pacient, al seu país, té el dret que l'atenguin i l'entenguin en la seva llengua.

«EN PRIVAT, QUE CADASCÚ PARLI COM VULGUI, NO ENS HI HEM DE FICAR»

Si fos així, rai. La cosa és que ni tan sols passa això. Actuem canviant a la llengua dominant, també en la vida privada. I sempre som els catalanoparlants els qui cedim.

Els qui es queixen que els imposen el català, generalment, no parlen mai català. Penseu en algun cas que conegueu, que segur que en teniu: els qui es queixen que els imposen el català acostumen a viure en el monolingüisme del castellà. Ells mateixos, amb el seu comportament, desmenteixen el que diuen. I és més: no s'han vist mai en la situació d'haver de renunciar contínuament a la seva llengua.

És per això que insisteixo tant que, per al futur del català, és necessària tant la consciència dels parlants de llengües subordinades com la solidaritat dels parlants de llengües dominants. Si no comptem amb aquesta complicitat, ho tenim perdut. Si la comunicació, si les converses amb parlants d'altres llengües, sempre han de passar per la subordinació del català, és evident que anem cap a l'extinció.

ENVIA'M ELS WHATSAPPS EN CATALÀ

Fem una campanya específica, per què no? Per exemple: els whatsapps. La llengua amb què un hi escriu parteix d'una decisió lliure. Mostrem que és possible escriure-hi en català. Fins i tot creant signes que es puguin fer servir en aquest sentit.

Encara hi ha molta gent, sobretot gran, a qui no van ensenyar català a escola i que després, pels motius que sigui, tampoc no l'ha après. Gent que escriu en castellà perquè en català no en sap prou, no s'hi atreveix. Vet aquí un espai on els joves podrien impulsar l'ús del català entre els grans.

Ara ens trobem que els joves fan servir el castellà perquè estan acostumats a relacionar-se entre ells en aquesta llengua i que la gent gran els escriu whatsapps en castellà perquè no saben escriure català. Invertim-ho, això! Què esperem? És un espai on, justament, no són pas els avis els qui transmeten la llengua als nets, sinó a la inversa, són els nets els qui la poden recuperar per als avis. És un espai ideal per invertir dinàmiques: a internet, cadascú hi és com hi vol ser. Encara que la teva llengua la parlin quatre gats, si la poses a internet, la teva llengua ja hi és. Abans, la impremta requeria un mercat i era tot molt més feixuc. Ara aquí tothom entra i fa com vol. Explorem-ho. En aquest cas, la comunicació intergeneracional és una eina que els joves poden ensenyar als grans.

«TINC SEIXANTA-VUIT ANYS I HE COMENÇAT A ESCRIURE EN CATALÀ PER PODER PARLAR PEL GRUP DE WHATSAPP DELS AMICS»

Sortosament, també hi ha casos com aquest. Cada dia més, de fet. Pares, avis, que escriuen als amics, als fills, als nets, i que s'han acabat atrevint a fer-ho en català tot i no haver-hi estat escolaritzats mai. Sempre l'han parlat, però escriure'l era una altra cosa, i quina vergonya, fer faltes d'ortografia. Però amb més pudor o menys, s'hi van atrevint. Avui és una conversa de xat, demà és un compte de Twitter o un apunt al Facebook. Amb faltes, sí. Però què hi fa, ara, això? S'hi han llançat, i és això el que compta ara mateix.

I els qui s'hi fiquen per corregir-los, que se n'estiguin, que no fan cap favor. Deixeu-la tranquil·la, la gent gran. No és qüestió de ser tolerants amb els errors, sinó de saber quan s'hi ha d'intervenir i quan no. Corregir quan no toca, ficar-se amb la manera com escriu aquell altre que no coneixes, té el risc d'acabar fent del català una llengua antipàtica.

La competència va relacionada amb l'ús, això és una constatació. Quan aprenem una llengua, tots comencem parlant-la malament per acabar parlant-la bé. Hem de passar per aquesta fase. Si la frenem perquè només esperem que es parli bé, no arribarem enlloc. Ara necessitem de manera urgent que el català es parli. I molta gent encara no el parla bé, però no podem esperar que es parli bé del tot perquè s'hi llancin, no hi arribarem a temps.

Només calen dos mesos de comportament conscient

Es tracta de deshabituar-se d'una pràctica, res més. Molt més fàcil que deixar la sal dels àpats, on vas a parar. Només cal que ens hi fixem durant dos mesos. Perquè la tendència és sempre a canviar de llengua. Hem de tenir clar que durant un parell de mesos, potser menys, haurem de ser conscients que NO hem de canviar de llengua. Un cop ens ho hàgim proposat, el canvi és força ràpid d'aplicar. Hi hem de pensar durant un temps, i passats els dos mesos sortirà sol, de manera espontània.

ENCARA HI SOM A TEMPS

Si no hi fem res, el 2040 potser ens haurem quedat sense llengua.

«Efectivament, el procés d'extinció del català pot quedar sentenciat d'aquí a uns cinquanta anys, quan l'última generació que haurà tingut el català com a llengua materna, clarament minoritària al conjunt del país, l'abandoni per adreçar-se als seus fills.» Ho avisaven August Rafanell i Albert Rossich en un article del 1989. Han passat trenta anys, i des d'aquella sentència, que va ocasionar tota mena de debats encesos, la cosa ha anat pel camí que ells pronosticaven.

A mesura que passa el temps, van sonant noves alarmes. Ara, per exemple, molts pares catalanoparlants amb criatures petites es neguitegen de sentir que els seus fills parlen en castellà amb altres companys que també tenen el català com a llengua inicial. No en tenim percentatges perquè l'Enquesta d'Usos Lingüístics només recull dades de majors de quinze anys, de manera que caldrà veure què faran aquestes criatures d'aquí a vint anys, quan tinguin fills. Perquè, com ja hem vist, el punt d'inflexió és la interrupció de la transmissió intergeneracional. I si continuem com fins ara, si no són els membres d'aquesta generació, seran els seus fills. No s'abandona una llengua tot d'una, sinó que és la cessió que fa una generació rere una altra, fins que la darrera no pot fer res més que tancar la barraca.

Malauradament, encara no podem desmentir els pronòstics de Rafanell i Rossich, però això no vol dir que ja no hi siguem a temps. Sobretot, hi som a temps perquè ho sabem. Sabem els perills que té la nostra llengua, sabem que té símptomes de llengua amenaçada. I això —estar avisats amb temps— és el que no els ha passat a la majoria de llengües que han desaparegut. Nosaltres sí que estem avisats.

Fa uns anys, cada vegada que sorgia un article dient que el català desapareixeria es muntaven uns bons sidrals. Ara ningú no diu res, perquè ja es veu que la cosa no va bé. En la mesura que siguem conscients d'aquesta alarma, hem de canviar el comportament. I deixeu-me que posi en qüestió aquells comportaments que potser no són prou percebuts com una amenaça, però que, en canvi, ens porten cap a l'extinció. Per exemple: parlar en anglès als fills. Ens pensem que forma part d'una educació moderna, que el català ja l'aprendran en alguna altra banda, i que com més aviat sàpiguen anglès, millor, que és la llengua internacional. Però parlar en anglès als fills no és sinó trencar la transmissió intergeneracional de la nostra llengua, i fer això és empènyer-la de cap a la decadència.

Ho sabem, en tenim la informació. Aquests darrers anys, la gent ha començat a detectar l'amenaça i a adonar-se que el discurs cofoi era fals. Això ens pot fer reaccionar. Un cop presa la consciència, hem d'actuar durant dos mesos per desfer les dinàmiques adquirides. És un esforç personal, sí. Un esforç personal que cal que fem, inevitablement. Ha de ser una actitud militant de vint-i-quatre hores. Es tracta, senzillament, de ser coherents. És possible fer aquest esforç i és possible desviar el rumb.

CAPGIREM ELS PRONÒSTICS

Fa quaranta anys que em dedico a estudiar les llengües amenaçades del món. Tota la vida, vaja. He vist com es morien llengües i per què ho feien. He estudiat els símptomes de les llengües en perill de desaparèixer, el dolor que això causa als seus parlants i la pèrdua que representa per a la humanitat.

Des de la perspectiva ecolingüística, només té sentit recuperar una llengua allà on s'ha generat. És evident que no té ni cap ni peus crear una colònia en una illa del Pacífic per recuperar el català. Per això al GELA parlem de «replantar llengües», perquè es tracta de revitalitzar una llengua allà on es parla o s'havia parlat.

Tenim la responsabilitat de fer-ho, no tan sols de cara a la nostra comunitat, sinó a la humanitat. Si nosaltres no preservem el català, no ho farà ningú. Això ho hem de tenir clar. I el català, com totes les llengües del món, és necessari per a la humanitat.

El sociolingüista J. Fishman ho explicava així:

> El que es perd quan es perd una llengua, especialment a curt termini, és la integració sociocultural de generacions, la cohesió, la naturalitat i la creativitat silenciosa, el sentiment d'identitat segur —fins i tot sense cap consciència política de la identitat—, el sentit del valor col·lectiu d'una comunitat i d'un poble. [...] La pèrdua de les característiques esmentades exigeix un preu que es tradueix en nivells elevats d'alienació, ja sigui a través del dany tant en la salut física com mental en dues o més generacions, a través del fort augment de la incidència de l'alteració social manifestada en delictes civils i criminals, i a través dels elevats costos públics emprats per superar o contenir aquestes alteracions. [...] Finalment, el que es perd és la creativitat cultural que en darrer terme enriqueix no tan sols el veïnat immediat de la llengua original sinó l'experiència humana total en una miríada de traduccions. La pèrdua de tot l'anterior es pot sobreviure, però, en moltes maneres, el resultat d'una pèrdua així equival a una greu disminució de la qualitat de vida, el mateix sentit de la vida inclòs. El regal especial de les llengües i cultures més amenaçades és fer-nos a tots conscients d'aquesta qüestió, però és responsabilitat de les llengües més grans i segures respondre constructivament i magnànima a aquest problema de l'ecologia cultural.

Als anys seixanta, quan va començar a arribar gent de fora i érem en ple franquisme, a molts pobles es parlava català, i tothom el parlava, els nouvinguts inclosos. Era la llengua de la convivència. Cal que ho continuï sent. Encara que percentualment els catalanoparlants siguin molts menys i, per tant, sigui molt més difícil d'assolir. Però hem de tenir clar que aquesta és la feina que hem de fer els catalanoparlants inevitablement. I si no la fem nosaltres, no la farà ningú. Si nosaltres no parlem català, no podem aspirar que els altres ho facin. Ens hi posem?